DECIDA-SE
PELO SUCESSO

Noah St. John

DECIDA-SE PELO SUCESSO

Tradução
MARTA ROSAS

EDITORA CULTRIX
São Paulo

Título do original: *Permission to Succeed.*

Copyright © 1999 Noah St. John.

Publicado mediante acordo com Health Communications Inc., Deerfield Beach, Flórida, EUA.

Todos os direitos reservados. Nenhuma parte deste livro pode ser reproduzida ou usada de qualquer forma ou por qualquer meio, eletrônico ou mecânico, inclusive fotocópias, gravações ou sistema de armazenamento em banco de dados, sem permissão por escrito, exceto nos casos de trechos curtos citados em resenhas críticas ou artigos de revistas.

O primeiro número à esquerda indica a edição, ou reedição, desta obra. A primeira dezena à direita indica o ano em que esta edição, ou reedição, foi publicada.

Edição	Ano
1-2-3-4-5-6-7-8-9-10	03-04-05-06-07-08

Direitos de tradução para o Brasil
adquiridos com exclusividade pela
EDITORA PENSAMENTO-CULTRIX LTDA.
Rua Dr. Mário Vicente, 368 — 04270-000 — São Paulo, SP
Fone: 272-1399 — Fax: 272-4770
E-mail: pensamento@cultrix.com.br
http://www.pensamento-cultrix.com.br
que se reserva a propriedade literária desta tradução.

Impresso em nossas oficinas gráficas.

Sumário

Carta ao leitor 9
Agradecimentos 11

Parte Um: A Situação

1. Uma história de inverno 15
2. Por que você precisa decidir-se a vencer 18
   Nossa natureza passional
3. Por que nos impedimos de atingir o sucesso 26
   A navalha de Ockham • Razões por quê x maneiras
   como • Razões por quê x razões por que não •
   Por que os meios ("como") não bastam • O principal
   pressuposto da literatura tradicional sobre o
   sucesso — e por que, no fim, ele se mostrou falso

Parte Dois: O Problema

4. Como descobri a anorexia do sucesso 37
   O momento em que a minha vida mudou para
   sempre • O que se ensina às mulheres a respeito do

seu valor como pessoas • O que se ensina aos homens a respeito do seu valor como pessoas • O mal que não tem nome • O que é a anorexia do sucesso? • E as mulheres? • Você está se privando do sucesso?

5. O que provoca a anorexia do sucesso? 48
O que acreditamos a nosso próprio respeito é verdade para nós • O Reflexo Negativo e o nosso Verdadeiro Eu • O valentão que existe na sua cabeça • A natureza dupla do ser humano

6. As sete mentiras que mais contamos para nós mesmos e como superá-las 55
Como lidar com o Reflexo Negativo • O que você diria a um amigo? • Um exercício simples que destrói os pensamentos negativos

7. Os disfarces da anorexia do sucesso 63
A corrida da vida • Por que desprezamos nossas próprias realizações • Os "filmes dos piores momentos" • Os dois maiores obstáculos: o medo do sucesso e a auto-sabotagem • Decisões, decisões

Parte Três: A Solução

8. Por que superar a anorexia do sucesso? 77
A chave para a vida e o viver: por que o pensamento positivo não é o bastante

9. O primeiro passo para superar a anorexia do sucesso: Apoio incondicional e espelhos amigos 84
Um teste da realidade

10. O segundo passo: Disponha-se a conseguir aquilo que você quer 97

11. O terceiro passo: Zonas sem metas 107

12. O quarto passo: Cirurgia de substituição de metas 115

13. O quinto passo: Duas Vezes por Dia 120
Um exercício muito simples que pode fazer uma grande diferença

14. O sexto passo: Descubra o seu "não" 128
Como e por que encontrar o seu "não"

15. O sétimo passo: Descubra o seu "porquê" 137

Parte Quatro: Algumas Reflexões Finais Sobre o Sucesso

16. As três causas de todos os fracassos humanos e como evitá-las 143
O medo • A ignorância • A entropia

17. Três simples fatos sobre o sucesso que quase todos ignoram 157
Uma nova descoberta: o poder das aformações

18. O que é o sucesso? 174
Se você quer mesmo ter sucesso, faça isto

19. Onde encontrar a ajuda necessária 177
Profissionais da medicina e da saúde • Literatura tradicional
sobre o sucesso • Programas e Orientação para o Sucesso
da The Success Clinic

Epílogo: A última palavra em termos de sucesso 179
Leitura adicional 181
Quem é Noah St. John? 183

Carta ao leitor

Este livro muda a vida das pessoas.
Ele explica por que você talvez se sinta melhor assistindo ao sucesso dos outros, em vez de cuidar do próprio sucesso.
Ele mostra por que tantos de nós evitamos o sucesso e por que ninguém conseguiria impedir-nos de obtê-lo com tanta habilidade quanto nós mesmos.
Ele vai mostrar-lhe precisamente por que e como parar de ficar apenas desejando o sucesso que você merece na vida.
Este livro mudará a sua vida — se você deixar.
Por favor... deixe.

Com carinho,
Noah St. John
Hadley, Massachusetts

Agradecimentos

Em inglês, a palavra "agradecer" deriva de um antigo verbo que significa "reconhecer ou saber". Se existe uma coisa que eu finalmente reconheci, é que não posso fazer nada sozinho. Pelo menos, nada que seja útil ou válido para outras pessoas. Vivemos num universo de interdependências. A idéia de que as pessoas possam "se fazer" sozinhas é simplesmente falsa. Porém, durante muito tempo, acreditei que era isso o que deveria fazer. Graças a muitas tentativas e muitos erros, eu finalmente compreendi o quanto estava enganado. Dito isso, gostaria de agradecer às seguintes pessoas pela sua contribuição a este livro (estejam elas conscientes disso ou não):

A meus mentores no universo da auto-ajuda — Dale Carnegie, Dr. Napoleon Hill, Dr. Stephen Covey, Dr. John Gray, Neale Donald Walsch, Harvey Mackay e Dr. Richard Carlson — obrigado por me permitirem saber o que é possível e por constituírem meus conselheiros invisíveis.

Agradeço de todo coração a Peggy Claude-Pierre.

A Oprah Winfrey, meu muito obrigado por trazer o amor, a luz e a compaixão a este mundo que tanto precisa deles.

A minhas duas Judys, Judy Robinett e Judy Herrell, agradeço pela ajuda, por ouvir-me, pela paciência, pela inteligência e pela visão intuitiva que eu tanto admiro.

A Carol Helms, obrigado por ajudar-me a vencer um período especialmente difícil da minha vida.

A todos os meus clientes e alunos do mundo inteiro, obrigado.

Ao Dr. Bruce Coulombe, agradeço por restituir-me o meu corpo.

A William E. J. Doane, Neil Golden, Randy Wakerlin, Jamie O'Connell, Guy Harvey, David Bloomberg, Linda King, Clark Matthews, Steven Cournoyer, James Lowe e Dottie Walters, obrigado pelo amor, pelo apoio e pelo incentivo.

A John Feudo, obrigado por apresentar-me a Jack Canfield. A Jack Canfield, obrigado por acreditar na minha mensagem e por mostrá-la ao seu editor.

A Peter Vegso, da HCI, obrigado por ver que esta obra vai mudar a vida de muita gente e por permitir-me chegar, com este livro, a mais pessoas do que eu jamais conseguiria fazer sozinho.

A todo o pessoal da HCI, especialmente a Teri Peluso, Christine Belleris, Allison Janse, Kim Weiss, Maria Konicki, Randee Feldman, Kelly Maragni, Terry Burke e as equipes de *marketing*, produção e vendas, obrigado pela força de seu ideal e pelo trabalho dedicado que fizeram por mim.

Obrigado a Sheree Bykofsky, minha maravilhosa, encantadora e interessada agente.

Obrigado à minha competente equipe de pesquisa: Elise Feeley, da Forbes Library em Northampton, Massachusetts. (É isso mesmo, ela é uma equipe inteira.)

Obrigado a Hilary Stagg, cujo CD *Dream Spiral* eu talvez tenha ouvido umas dez mil vezes enquanto estava escrevendo este livro. Obrigado a Wait Steinmetz of Steinmetz Photography por fazer as melhores fotos publicitárias da minha carreira.

Finalmente, obrigado à minha mãe, ao meu pai, ao meu irmão e à minha irmã — sem eles, todo o sucesso do mundo perderia o sentido. Obrigado pelo orgulho que sentem de mim. Adoro vocês.

PARTE UM

A Situação

1

Uma história de inverno

xpirei pela boca e o meu hálito, transformado em fumaça, desapareceu em meio àquela noite de fevereiro. Eu havia acabado de me tornar um ex-marido. Nosso divórcio não fora nem amargo nem complicado. Ambos sabíamos que era o melhor para nós, e a audiência perante o juiz durara menos de dez minutos. Enquanto caminhava pela noite coberta de neve, ocorreu-me um pensamento. Eu sempre soubera exatamente o que queria numa mulher. Eu havia feito tudo aquilo que os livros e fitas de auto-ajuda mandavam: listas das qualidades imprescindíveis numa esposa; visualizações da mulher com quem eu gostaria de estar; afirmações — palavras escritas e ditas que explicitavam como a minha parceira deveria ser. Eu havia até orado para que a pessoa certa cruzasse o meu caminho. E, apesar de a minha ex-mulher e eu havermos nos tornado amigos, ela não era nada parecida com a pessoa de quem eu havia escrito e falado — nem com aquela por quem eu havia orado. Por que isso havia acontecido? Eu me perguntava por que eu sempre me impedia de ter o que eu realmente queria da vida.

De repente, perdi o fôlego: entendi uma coisa que jamais havia entendido antes. Naquele instante, eu percebi que minha aparente falta de sucesso não tinha nada a ver com o fato de eu não ser inteligente, motivado, talentoso ou persistente o bastante. Eu vi que outra coisa estava acontecendo — algo muito sutil, apesar de forte, que me impedia de atingir aquilo que eu realmente queria na vida.

No dia seguinte, telefonei para o meu pai. Eu não sabia direito o que ia dizer para ele.

— Papai? — perguntei.

— Diga — respondeu ele.

Respirei fundo.

— Tudo bem com você se eu tiver sucesso?

Silêncio do outro lado da linha.

— O quê? — perguntou ele.

— Bem, é que estive pensando. Eu nunca soube ao certo se me havia decidido a ter sucesso. O que eu sempre soube é que eu queria ser mais bem-sucedido que você, mas não sabia se você acharia isso legal.

Respirei fundo novamente.

— Tudo bem, se eu tiver mais sucesso que você?

Outro silêncio. E então meu pai fez uma coisa para a qual eu não estava preparado.

Ele riu!

— Tudo bem, Noah. Estou surpreso por você me perguntar isso. Achava que você sabia que sua mãe e eu queremos que você seja muito bem-sucedido. Quero que você tenha muito mais sucesso do que eu. Você não sabe que é isso o que nós desejamos para você?

— Bom, é que eu não tinha muita certeza.

Depois de respirar fundo mais uma vez, continuei:

— Então quer dizer que, pelo senhor, tudo bem se eu for ainda mais bem-sucedido?

Eu queria ter certeza de que tinha ouvido aquilo que achava que ouvira — aquilo que eu precisava desesperadamente ouvir.

— Tudo bem, claro, Noah. Por favor, tenha muito mais sucesso do que eu.

Soltei um suspiro.

— Obrigado, pai. Eu precisava ouvir isso.

Se você quiser ter sucesso, na verdade só precisa de uma coisa. Porém, se não a tiver, não há nada que possa fazê-lo vencer — ou gozar do sucesso se ele bater à sua porta.

E que coisa é essa que é preciso ter para promover ou gozar do sucesso — e o que é que torna este livro diferente de todos os outros livros de auto-ajuda que existem por aí?

Você encontrará as respostas no próximo capítulo.

2

Por que você precisa decidir-se a vencer

Já lhe aconteceu de chegar ao fim de um livro de auto-ajuda e se perguntar: "É só isso?"

Já lhe aconteceu de ir a um seminário de desenvolvimento pessoal e dizer a si mesmo: "Eu já sabia isso... então por que ainda não fiz aquilo que sei que sou capaz de fazer?"

Você já se sentiu inteiramente pronto para mudanças definitivas em sua vida e aí, dias ou semanas depois, se viu fazendo as mesmas coisas de sempre, voltando aos velhos hábitos contraproducentes e aos seus padrões de auto-sabotagem?

Nesse caso, você está menos só do que pensa.

A história de Dan

Há cerca de um ano, recebi um convite para uma teleconferência sobre o sucesso. Lembro-me de que fiquei muito chateado por causa do horário. Seria bem tarde e, por isso, eu teria de ficar no escritório até umas 10 horas da noite — coisa que não era bem o que eu queria. Minha voz da "razão" ficou me dizendo o tempo todo que essa seria mais uma daquelas aulas tipo "Trabalhe mais duro e você vencerá" que eu freqüentara a vida toda. (Eu já havia gasto milhares de dólares em livros, fitas, seminários e palestras e nenhum deles citara alguma coisa que eu já não estivesse fazendo.) Porém, essa teleconferência foi completamente diferente. Finalmente, alguém entendia o que eu tinha feito a vida inteira. Por favor, entenda que, por fora, eu era muito "bem-sucedido": tinha carros novos, viajava, trabalhava muito e ganhava bem. Eu havia começado a trabalhar numa empresa de vendas pela Internet que crescera muito. O único problema é que eu não conseguia "curtir" o que estava acontecendo. Os colegas, os clientes e o patrão me elogiavam e parabenizavam, mas eu não me convencia — não acreditava em nada daquilo. O que eu fazia era sorrir, agradecer e depois transferir o elogio a uma outra pessoa qualquer. Eu dava respostas como: "Ah, muito obrigado, mas eu não teria conseguido sem Fulano de Tal... foi *ele* quem pensou em tudo; eu só fiz vender." Eu não achava que merecia crédito algum. Não me permitia a alegria de ter sucesso.

Nessa teleconferência, conheci algumas novas idéias e conceitos como, por exemplo, "espelhos amorosos", "zonas sem metas" e "dar a mim mesmo permissão para o sucesso". Tive a impressão que se tem quando alguém acende a luz numa sala que antes estava às escuras. E essa sala era bonita! Senti-me inspirado... Finalmente, alguém entendeu que eu sabia "o que" fazer, só que eu não havia dado a mim mesmo "permissão" para fazê-lo.

Mais ou menos quatro meses depois, em decorrência direta da aplicação das técnicas descritas por Noah nessa teleconferência, fui promovido a gerente de vendas com um aumento de quase 30% no meu salário-base. Minhas comissões atravessaram o teto. Finalmente, eu atingira o sucesso... ou assim pensava.

Mas ainda havia um vazio dentro de mim. Havia muitas coisas na minha vida pessoal que estavam me deprimindo. Parecia que quanto mais bem-sucedido profissionalmente, mais infeliz eu me sentia. Esforcei-me cada vez mais para fazer tudo "certinho", para que minha vida fosse perfeita. Que meta mais impossível! Eu continuava resistindo ao próximo passo com Noah. Eu sabia o que precisava fazer, mas não o fazia porque ainda continuava achando que não merecia ser bem-sucedido e feliz de verdade.

Só que aí eu estava numa situação ainda pior. As luzes estavam acesas e eu podia ver o quanto tudo era muito bonito, mas ainda assim resistia à idéia de que merecesse aquilo. Eu ainda não havia dado a mim mesmo permissão para o sucesso.

Então resolvi telefonar para Noah. Ele me incentivou muito, mas eu continuei mentindo, dizendo que tudo estava muito bem e que eu estava no caminho do sucesso. Sabe o que é ainda pior do que mentir para um amigo sobre isso? Mentir para si mesmo. Noah sabia que eu não estava sendo sincero, mas não me deixou constrangido por causa disso. Veja bem, no trabalho, eu ainda estava arrebanhando novos clientes e recebendo os maiores elogios, mas, por dentro, achava que os merecia cada vez menos. É difícil abandonar antigos hábitos e eu continuei resistindo.

Nos meses seguintes, voltei às velhas teorias — "trabalhe mais", "faça mais ligações", "dê o passo seguinte" —, mas simplesmente não conseguia tirar da cabeça a anorexia do sucesso nem a idéia de dar a mim mesmo permissão para vencer. Em outubro de 1998, marquei uma reunião com Noah em seu escritório. Passamos um bom tempo conversando sobre como ele havia descoberto a anorexia do sucesso e o que ele queria fazer para que essa informação chegasse a todos aqueles que precisavam dela. Sua convicção e sua emoção eram contagiantes. Voltei a sentir-me inspirado, mas desta vez comprei o livro (ele o havia publicado com seus próprios recursos e o vendia pelo seu website).

Depois de agradecer a hospitalidade, entrei no carro que alugara para voltar a Nova York e ao vôo que me levaria de volta para casa. Eu estava com o livro na mão e não parava de pensar em todas as coisas que juntos havíamos discutido. Cheguei ao aeroporto e fiquei esperando a hora do embarque. Estava pensando em ler o livro durante o vôo, mas resolvi tirá-lo da maleta e ler logo a introdução. As lágrimas encheram-me os olhos enquanto lia. Eu sentia como se aquelas palavras me falassem diretamente à alma, ainda mais depois de ter conhecido Noah pessoalmente. Foi uma coisa impressionante. Tive de fechar o livro e guardá-lo.

Menos de uma semana depois, eu já havia lido a edição independente de *Decida-se pelo Sucesso* pelo menos quatro vezes. Hoje eu a levo comigo aonde quer que eu vá, caso precise lembrar o que realmente importa na vida. Telefonei para um amigo dois dias depois de chegar da visita a Noah. Ele falou qualquer coisa que me fez rir e disse: — Sabe, esta é a primeira vez que eu ouço você rir. Fiquei chocado. Nós costumamos contar piadas um ao outro e eu me lembrava muito bem de ter rido de uma que ele me contara na semana anterior. Eu chamei sua atenção para isso e ele respondeu: — Não, você não está entendendo. Esta é a primeira vez que, pela risada, você me dá a impressão de estar feliz.

Obrigado, Noah, por não me abandonar e por ajudar-me a compreender finalmente. Minha busca e minha vida finalmente começaram...

Tenho uma pergunta para você. O que todas as frases abaixo têm em comum?

- Aumente as suas vendas
- Abra o seu próprio negócio
- Perca peso
- Pare de fumar
- Aumente sua auto-estima
- Crie filhos saudáveis
- Seja mais produtivo no trabalho
- Tenha relacionamentos melhores

A resposta mais óbvia é que elas representam uma parte importante na vida de muita gente. Entretanto, elas também têm outra coisa em comum: todas se referem a efeitos que podem ser atingidos quando se fazem determinadas coisas de uma determinada maneira.

Por exemplo, se você quiser ter relacionamentos melhores, uma das coisas que pode fazer é aprender a ouvir melhor. Para ajudá-lo nisso, há dezenas de livros, fitas e seminários que vão ensinar-lhe "como tornar-se um melhor ouvinte". O mesmo se aplica a cada uma das demais frases, bem como a centenas de outros assuntos, desde "como comprar uma casa" até "como construir seu próprio computador" e "como criar avestruzes".

A literatura de auto-ajuda de que estou falando é aquela que chamo de "literatura tradicional sobre o sucesso" — isto é, informação do tipo "como fazer determinada coisa", que você já conhece há anos.

O objetivo da literatura tradicional sobre o sucesso é ensinar as pessoas a fazerem algo que elas querem aprender a fazer. Por exemplo, colocando a palavra "como" diante das frases acima listadas, nós vemos que a grande maioria dos livros de auto-ajuda e desenvolvimento pessoal se refe a "como" ter sucesso. Ou seja, ensina a fazer alguma coisa que a maioria das pessoas considera importante em sua vida pessoal e profissional (por exemplo, "Como aperfeiçoar-se como gerente", "Como perder peso", "Como obter o que deseja nos relacionamentos" etc.).

Apesar do risco de ferir algumas suscetibilidades, há uma pergunta acerca da literatura tradicional sobre o sucesso que precisa ser respondida, que é simplesmente a seguinte: Se milhões de pessoas consomem a literatura tradicional sobre o sucesso e se de fato se dedicam ao seu estudo por anos e anos e, no entanto, ainda não se sentem ou não são bem-sucedidas, o que isso nos diz a respeito dessa literatura?

Há três possíveis respostas para esta pergunta. Uma é que as pessoas podem não estar se esforçando o bastante para utilizar a informação que lhes é fornecida. Embora isso de fato possa ser verdade no caso de algumas pessoas, não pode aplicar-se a todas as pessoas que tentaram valer-se desse tipo de literatura. Inclusive, as pessoas com quem trabalho na The Success Clinic estão entre as mais diligentes, dedicadas, inteligentes, criativas e empenhadas que já conheci. Portanto, não creio que essa seja a resposta.

A segunda possibilidade é que a literatura tradicional sobre o sucesso pode simplesmente estar passando adiante a informação errada. Mais uma vez, não acho que esse seja o caso de maneira alguma, pois o conteúdo da maioria dos livros, fitas e seminários dedicados a "como ter sucesso" na verdade é muito bom e, sem dúvida, pode ajudar muita gente a tornar-se mais bem-sucedida na vida. (Isso é demonstrado pelo fato de que essa literatura de fato funciona para muitas das pessoas que lançam mão dela.)

E o que é, então? Se milhões de pessoas não se sentem bem-sucedidas mesmo depois de ter lido e ouvido tudo o que existe no mundo sobre "como ter sucesso", o que isso nos diz a respeito da literatura tradicional sobre o sucesso?

A resposta não tem nada a ver com nenhum dos fatores acima: falta de empenho das pessoas ou informação errada. A resposta é que simplesmente falta alguma coisa na literatura tradicional sobre o sucesso — e, sem ela, não existe esforço, boas intenções nem dedicação neste mundo que possam tornar alguém bem-sucedido. E, assim, mesmo as mais precisas informações sobre "como" fazer alguma coisa serão inúteis.

O que é essa informação tão essencial, tão vital, que vem faltando na literatura tradicional sobre o sucesso todos esses anos?

Antes de responder a essa pergunta, gostaria de compartilhar com você algumas palavras que foram escritas por William James, muitas vezes chamado o "pai da moderna psicologia popular". Perto da virada do século XX, William James projetou-se no cenário internacional estudando pessoas normais, saudáveis, e suas reações na vida cotidiana. Ele foi o primeiro a levar a psicologia para fora dos consultórios, colocando-a ao alcance de pessoas como você e eu.

Uma das afirmações mais brilhantes que eu já li sobre os seres humanos vem da pena de James. Em *The Will to Believe and Other Essays in Popular Philosophy and Human Immortality*, ele escreveu: "Uma coisa está clara: quando falamos de seres humanos, podemos perceber que eles não são movidos pela lógica ou pela razão. Em última análise, eles são movidos por suas emoções — por sua *natureza passional*."

Em resumo, William James acertou em cheio. Nós, seres humanos, NÃO nos conduzimos pela parte lógica ou racional que existe em nós; mas por aquilo que James chamou de nossa *natureza passional* — aquela parte em nós que não é nem lógica nem racional, que é movida pelas emoções, desejos e sentimentos, que sente dor, prazer, êxtase, raiva, alegria e tristeza.

Muitas pessoas, em particular as que cresceram na cultura ocidental, tendem a se sentir constrangidas ou envergonhadas com relação à mera existência da nossa natureza passional. Por quê? Talvez porque a maior parte das instituições societárias do Ocidente foram construídas sobre a premissa de que nossa natureza passional é ruim, errada ou imoral!

A pergunta é: faz sentido tentar enterrar aquela parte em nós que nos torna mais humanos? Não estou insinuando que devemos sair por aí como um bando de animais enlouquecidos; o que estou sugerindo é que muita gente se recusa até a admitir que tem paixões (quanto mais que elas de fato nos conduzem) e que essa recusa em aceitar ou reconhecer quem nós realmente somos já levou muito sofrimento e infelicidade a mais gente do que podemos imaginar. (A ironia é que quando tentamos negar ou recalcar nossa natureza passional, acabamos por fortalecê-la ainda mais. Veremos esse aspecto mais detidamente na Parte Dois: O Problema.)

Nossa natureza passional

O que o fato de sermos conduzidos pela nossa natureza passional tem a ver com o nosso sucesso? Simplesmente tudo.

Veja você, quando descobri que existe uma condição que impede que pessoas inteligentes, criativas e talentosas se permitam ter sucesso (e você verá exatamente como eu a descobri e o que ela representa para você no Capítulo 4), percebi que algo simples — e, no entanto, profundo — estava faltando na literatura tradicional sobre o sucesso nesses anos todos.

Trata-se apenas do seguinte:

Existe uma população de homens e mulheres — pessoas inteligentes, criativas, sensíveis, interessadas e solidárias — que não têm sucesso, NÃO porque não tenham inteligência, capacidade, talento, formação acadêmica, motivação ou persistência para ter sucesso...

...NÃO porque não queiram ser bem-sucedidas...

...NÃO porque tenham "medo do sucesso"...

...NÃO porque estejam "sabotando" a si mesmas...

...NÃO porque não se esforcem o bastante...

...NÃO porque precisem estar mais motivadas...

...NÃO porque, inclusive, não saibam COMO ter sucesso.

Essas pessoas não têm sucesso unicamente por uma razão:
Elas nunca *se decidiram a ter sucesso*.

★ ★ ★

Este livro foi escrito por uma única razão.

Não foi para ensinar-lhe como ter sucesso, pois isso você já sabe.

Não foi para dar-lhe as últimas dicas, técnicas ou estratégias para o sucesso, pois você já conhece delas o bastante para ser mais bem-sucedido do que conseguiria imaginar.

Não foi para motivá-lo, pois você já tem toda a motivação de que jamais precisará para ter tudo aquilo que sempre quis.

Não foi para aconselhá-lo a "pensar positivo", pois você já ouviu isso um milhão de vezes e continua se perguntando por que a coisa aparentemente não funciona do jeito que é anunciada.

Não foi para fazê-lo experimentar alguma coisa estranha ou esquisita, embora você saiba que se fizer sempre a mesma coisa, vai acabar obtendo sempre os mesmos resultados.

A questão é que você já sabe tudo isso e não precisa que eu repita mais uma vez.

Não. Este livro foi escrito por uma única razão.

Ele foi escrito para que você, finalmente — de uma vez por todas — *se decida pelo sucesso.*

Por quê?

Porque, se você não fizer isso... jamais terá ou poderá ter sucesso.

Se todos querem ter sucesso, por que algumas pessoas parecem fazer tudo para não conseguir justamente aquilo que mais querem na vida?

3

Por que nos impedimos de atingir o sucesso

Você conhece alguém que tem a inteligência, o talento e a capacidade que precisa para ter sucesso e que, apesar disso, não é tão bem-sucedido quanto poderia ser?

Você conhece alguém que tem facilidade para iniciar mil projetos, mas uma dificuldade incrível (se não uma impossibilidade) de levá-los a cabo?

Você conhece alguém que sempre chega perto do sucesso, mas que, quando está quase lá, pratica sabotagem contra si mesmo logo antes de atingir suas metas?

Será que você conhece de perto alguém assim?

Você está prestes a saber por que tantos de nós somos assim. Na Parte Dois: O Problema, você verá por que esses comportamentos na verdade são criados por um problema que eu descobri (quase que por acaso), o qual acaba por fazer com que até as pessoas mais inteligentes e talentosas pensem que jamais atingirão o sucesso ou usufruirão dele.

Na Parte Três: A Solução, eu lhe mostrarei como eliminar

os fatores que causam esse problema, o que contribuirá para eliminar os comportamentos que o impediram de se decidir pelo sucesso. A Parte Quatro: Algumas Reflexões Finais Sobre o Sucesso revela por que, embora tanto se tenha escrito e dito sobre esta coisa que chamamos "sucesso", ele ainda está envolto em mistério, suspense e confusão. Essa parte é concluída com uma definição de sucesso que bem poderá mudar sua vida.

A navalha de Ockham

Vamos começar nossa jornada analisando por que nós, seres humanos, fazemos o que fazemos. Você já percebeu que o número de teorias sobre o comportamento humano é tão grande que poderia deixá-lo maluco? E que, quanto mais complexa a teoria, menos ela realmente o ajuda a fazer mudanças concretas na sua vida?

Na verdade, nos círculos científicos, há um nome para esse fenômeno: ele é conhecido como "navalha de Ockham", em homenagem ao filósofo Guilherme de Ockham, que viveu no século XIV. A expressão significa simplesmente que, quanto mais simples é uma explicação, maior a probabilidade de ela ser verdadeira. Neste livro, iremos aplicar a navalha de Ockham ao nosso estudo dos seres humanos e de seu comportamento. Isso quer dizer que não usaremos teorias complexas para explicar o comportamento humano; iremos apenas analisá-lo e perguntar-nos: "Muito bem, por que eles agem assim?" para ver se conseguimos encontrar a resposta mais simples à pergunta. Comecemos, então, com a pergunta mais elementar que poderíamos fazer sobre o comportamento humano: "Por que os seres humanos fazem o que fazem?"

Aplicando a navalha de Ockham, a resposta mais simples a essa pergunta é: *Os seres humanos fazem alguma coisa porque acham que faz sentido fazê-la*. Em outras palavras, as pessoas fazem alguma coisa quando sabem por que devem, podem, querem, precisam ou gostariam de fazê-la.

Agora, vamos um pouco mais fundo. Se os seres humanos fazem algo porque lhes parece ter sentido fazê-lo, então quando o fazem eles sabem que terão algum benefício por havê-lo feito ou que algo de bom decorrerá disso.

Veja um exemplo. Por que você comprou este livro? Sua resposta poderia ser: "O título é legal", "Gostei da capa" ou "Um amigo me recomendou". Entretanto, essas declarações na verdade não dizem tudo. Quais os motivos que estão por trás desses motivos?

Em outras palavras, quando você diz: "Gostei do título", o que está dizendo na verdade é: "Quando li o título, achei que, se lesse este livro, teria algo que eu desejo ter mais (dinheiro, prestígio, fama ou sucesso, por exemplo) e pararia de ter algo que desejo ter menos (como fracasso, sofrimento, obstáculos, dívidas etc.)." Todavia, esta é a questão essencial: você teria comprado (ou mesmo folheado) este livro se não houvesse razões suficientes para levá-lo a isso?

Evidentemente, a resposta é óbvia: se você não tivesse motivos suficientes para comprar este livro, então você não o teria comprado (ou sequer olhado).

Essa parte foi fácil. Agora analisemos a contrapartida desse fenômeno.

O que aconteceria se eu lhe mostrasse ou descrevesse todos os modos que você poderia ter usado para comprar este livro? Se eu lhe dissesse que você poderia pagá-lo com o seu cartão Visa, MasterCard ou American Express, com dólares americanos, francos suíços, rúpias russas, yens japoneses ou um rebanho de carneiros?

O que aconteceria se eu lhe mostrasse que você poderia comprar este livro pela Internet, pelo telefone, pessoalmente, numa loja a varejo, pelo catálogo ou por meio de alguma pessoa que já o tivesse comprado? Se eu dissesse que você poderia encontrar alguém que já tivesse este livro, atingi-lo na cabeça e pegar seu exemplar enquanto ele não estivesse olhando?

Independentemente de você fazer ou não qualquer uma dessas coisas, terá de admitir que todas elas são meios pelos quais você poderia ter comprado este livro (algumas são mais estranhas que as outras). Porém vamos fazer de conta que eu tenha lhe mostrado todas as maneiras pelas quais você poderia tê-lo comprado, mas não tenha me dado ao trabalho, em nenhum momento, de dizer-lhe por que você deveria comprá-lo; que nunca tenha dito o que você ganharia com essa compra. Você o compraria mesmo assim?

A resposta, mais uma vez, é óbvia: é claro que não. Mas por que não? Por acaso eu não lhe falei de todas as maneiras pelas quais você poderia comprar o livro?

Você diria: "Pois é, Noah... mas você não me deu razões suficientes para comprá-lo."

Bingo!

Razões por quê x maneiras como

Agora, vamos dar mais uma volta neste exemplo (pois existem pelo menos três lados em cada história que se conta). Suponhamos que você sabia que queria este livro. Isto é, você estava disposto a fazer qualquer coisa para tê-lo. Não haveria nada, nenhuma força na face da Terra, que o impedisse de comprá-lo. Você teria encontrado uma maneira de fazê-lo? Pode apostar que sim! Se você tivesse razões suficientes para tanto, você teria feito qualquer coisa que fosse preciso fazer para obter um exemplar.

Você já viu as pessoas brigando durante o período pré-natalino para comprar o brinquedo "da hora"? Por que agem como um bando de idiotas por causa de uma boneca? Elas agem assim porque acreditam sinceramente que precisam daquele brinquedo e *já*. É por isso que se dispõem a qualquer coisa — morder, chutar, ficar horas numa fila, agir como animais disputando a presa — para conseguir o brinquedo.

O que esse exemplo demonstra? (Que os seres humanos às vezes são bem tolos, é verdade.) Mas o que ele realmente mostra é que quando as pessoas têm razões suficientes para fazer alguma coisa, elas encontrarão uma maneira (como) de fazê-la.

Como você talvez saiba, esse aspecto do comportamento humano já foi analisado em parte da literatura tradicional sobre o sucesso. Inclusive, alguns de seus melhores expoentes nos dizem que "quando se tem uma razão, se encontra uma maneira". Entretanto, essa equação possui um lado que ainda não foi adequadamente analisado, um fator tão vital que talvez seja até mais importante para o seu sucesso do que encontrar uma razão ("por quê") para fazer alguma coisa.

O que falta na literatura tradicional de sucesso é o seguinte: é verdade que, tendo razões suficientes para fazer alguma coisa, as pessoas encontram uma maneira de fazê-la. (Isso é o que eu considero a diferença entre os "por quê" e os "como" do sucesso.)
Mas e os "por que não" do sucesso?

Razões por quê x razões por que não

Lembre-se: o objetivo da literatura tradicional sobre o sucesso é ensinar-lhe "como" vencer. E, já que é verdade que, se você tiver "por quês" (razões) suficientes para conseguir ou atingir alguma coisa, você vai encontrar os "como" (meios) para isso, alguns dos melhores exemplares da literatura tradicional sobre o sucesso nos ensinaram a concentrar-nos na razão para obter algo a fim de encontrarmos o meio de obtê-lo. Tudo isso faz sentido e funciona — até certo ponto.

Mas digamos que você já tenha os seus "por quê" do sucesso. E quanto aos "por que não"?

O que eu quero dizer com razões "por quê e por que não do sucesso"? Darei um exemplo. E se eu lhe mostrasse alguma coisa e você, por qualquer motivo, resolvesse que não a quer. Pense em algo que você jamais gostaria de fazer. (Quando faço este exercício, penso em cheirar cocaína, pois acho que é a pior coisa a se fazer no mundo, algo que eu jamais faria ou permitiria que alguém de quem eu goste fizesse.) E então — pensou em alguma coisa que esteja motivado a NÃO fazer? (Garotada: pense em "comer espinafre".)

Agora, quando você pensa nessa coisa que você jamais gostaria de fazer, você se sente motivado a ir em frente e a fazê-la? Claro que não! Acabamos de dizer que você não quer fazê-la — e está bem claro que você não tem motivação para fazer algo que não quer fazer, certo?

Então quero que você pense sobre a diferença entre não estar motivado a fazer alguma coisa e estar motivado a NÃO fazer alguma coisa. As maiúsculas estão aí por uma razão. Veja, há uma grande diferença entre não estar motivado a fazer alguma coisa e estar motivado a NÃO fazer alguma coisa. No primeiro caso, nós simplesmente não fazemos nada para obter ou realizar a coisa em questão. No segundo, nós agimos no sentido de não obter ou realizar a coisa de que estamos falando. Dito de outra forma, não estamos apenas impassíveis diante dela; na verdade, nós a estamos evitando.

Por que os meios ("como") não bastam

Agora pense naquilo que você não quer fazer de jeito nenhum, na coisa que você não está motivado a ter. E se eu lhe mostrasse todos os meios para obter essa coisa que você não quer; essa coisa que não o deixaria à vontade se estivesse presente em sua vida?

Usando o meu exemplo de cheirar cocaína, o que aconteceria se me mostrassem como consegui-la? E se me dissessem que esta semana está havendo uma queima de estoque e que eu poderia comprar um papelote da droga e levar outro de graça? Estou usando um exemplo ridículo para mostrar uma coisa: na verdade, não importaria o que me dissessem, eu não compraria nem usaria cocaína por nenhum dinheiro do mundo. Isso porque eu sei como as drogas podem acabar com as pessoas, suas famílias e a comunidade onde vivem (além do que, acho que é simplesmente sórdido).

A questão é que, quando você não quer uma coisa ou acha que ela trará infelicidade e sofrimento, a você e a seus entes queridos, você fica motivado a não conseguir essa coisa — não importa o que lhe digam sobre como consegui-la.

Lembra-se de que dissemos sobre a nossa natureza passional no Capítulo 2? Quando acreditamos, num nível emocional, visceral (passional), que obter essa coisa implica algo de mau para nós ou para as pessoas que nos cercam, não iremos obtê-la — mesmo que a lógica ou a razão nos digam o contrário.

A moral da história? Se tivermos razões suficientes para *não* conseguir uma coisa, não a conseguiremos, por mais que saibamos quais os meios para tal.

O principal pressuposto da literatura tradicional sobre o sucesso — e por que, no fim, ele se mostrou falso

A literatura tradicional sobre o sucesso tem ajudado milhões de pessoas (inclusive a mim) a tornarem sua vida melhor. É por essa razão que a maior parte das informações acerca de "como ter sucesso" publicadas nos Estados Unidos é muito útil e, de fato, funciona. Contudo, a literatura tradicional sobre o sucesso também partiu de um pressuposto que no fim acabou provando-se equivocado. Esse pressuposto era quase invisível; estava tão encoberto que as pessoas que falaram sobre ele nem sequer o perceberam. Na verdade, até que eu descobrisse "por acaso" o problema que faz com que as pessoas não se permitam ter sucesso, ninguém nem se deu conta de que esse pressuposto existia!

O pressuposto de que a literatura tradicional sobre o sucesso partia era este: você, eu e qualquer um que estivesse lendo sobre o assunto já nos tínhamos concedido *permissão para o sucesso*.

Por que partir desse pressuposto? Por uma razão muito simples. Não havia má fé nem nenhuma má intenção por parte dos autores. Isso aconteceu simplesmente porque os autores da literatura tradicional sobre o sucesso jamais consideraram a possibilidade de que alguém NÃO pudesse dar a si mesmo permissão para o sucesso.

Tratava-se de um pressuposto bastante lógico: afinal de contas, os autores devem ter pensado — com muita razão, aliás — que quem lesse um livro sobre "como ter sucesso" já estaria sabendo "por que ter sucesso". Entretanto, o que eles deixaram de levar em consideração foi o quanto são fortes os "por que não" do sucesso, como acabamos de ver (e discutiremos mais detalhadamente na Parte Dois: O Problema).

Infelizmente, porém, como veremos na Parte Dois, a conseqüência desse pressuposto é que um número incrivelmente grande de pessoas não sabe que tem permissão para o sucesso — na verdade, milhões de pessoas acham que até mesmo QUERER ter sucesso é ruim, errado ou imoral. Elas sincera e inconscientemente acreditam que não podem, não devem ou não têm sequer permissão para ter sucesso. Isso torna inútil todo o seu empenho em aplicar o plano de "como ter sucesso" na vida, pois elas acabam afastando de si justamente aquilo que tanto se esforçam em "obter".

Como os autores da literatura tradicional sobre o sucesso partiram do pressuposto de que nós já nos havíamos decidido a ter sucesso (pois jamais lhes ocorreu que isso poderia não ser verdade), eles simplesmente nunca mencionaram o que poderia acontecer se nós não o fizéssemos.

Esse pressuposto é o único responsável pelo fato de haver milhões de pessoas achando que são "as únicas" a ter esse problema; as únicas que acham que ter sucesso é mau ou errado; as únicas que são "diferentes" por achar que jamais iriam ter sucesso, por mais que tentassem.

É por isso que o que você está lendo não é um livro sobre "como ter sucesso".

Você está lendo o primeiro livro já escrito sobre "por que decidir-se pelo sucesso".

O que acontece quando um ser humano inteligente, sensível, criativo e solidário — alguém que sabe tudo acerca de "como ter sucesso" — acha que não pode, não deve ou não está autorizado a ter sucesso?

PARTE DOIS

O Problema

4

Como descobri a anorexia do sucesso

N a manhã de 20 de outubro de 1997, eu me levantei, meditei, tomei uma ducha, me barbeei e tomei café como havia feito centenas de vezes antes. Eu era um estudante universitário de trinta anos que estava a apenas dois semestres da obtenção do diploma em literatura comparada. Além disso, eu era um divorciado que vivia em um estúdio de 100m² e me perguntava quando iria saber o que fazer de minha vida.

Durante uns seis meses, eu estivera escrevendo um livro sobre a forma como os princípios de liderança se expressam na literatura sacra. Bem, a verdade é que eu ainda não havia começado o livro — eu havia ficado seis meses escrevendo o *esboço*.

Naquele momento, eu tinha a impressão de que, apesar de ter estudado a literatura sobre o sucesso a vida inteira, eu não tinha praticamente nada que dizer a respeito. Meu divórcio havia acontecido exatamente oito meses antes. Eu havia pedido uma licença dos estudos na universidade (porque queria resolver o que fazer da minha vida) e resistia à idéia de arrumar um emprego porque não queria me afastar do projeto do meu livro. Em outras palavras, estava cansado de trabalhar para os outros em empregos que odiava. Porém, como ninguém se oferecera para me pagar por escrever o esboço de um livro, eu estava diante de um futuro financeiramente incerto (outra forma de dizer que estava sem dinheiro).

Eu não fazia a mínima idéia de que no fim daquele dia minha vida mudaria para sempre.

Um pouco antes, nessa mesma semana, eu soube que uma faculdade local promoveria um seminário sobre como entender e tratar distúrbios alimentares. Eu resolvi ir porque: a) ao longo de minha vida, conhecera várias pessoas que eram anoréxicas ou bulímicas, e achei que o seminário poderia lançar alguma luz sobre essa questão e b) eu na verdade não tinha nada melhor que fazer. Além disso, a entrada era franca.

Um pouco antes das sete horas, cheguei ao seminário, junto com mais umas duzentas pessoas. A palestrante apresentou-se e disse que iria esclarecer alguns mitos sobre as razões dos distúrbios alimentares, inclusive o de que a pessoa anoréxica teria sofrido agressões físicas ou sexuais; que seria egoísta, controlador ou só pensaria em si mesmo; ou que estaria tentando parecer um modelo da televisão. Ela disse que sua experiência com milhares de homens e mulheres que quase haviam morrido em decorrência de distúrbios alimentares demonstrava que essas pessoas na verdade:

- eram muito inteligentes e criativas
- rendiam mais do que se esperava delas (geralmente eram alunos brilhantes ou perfeccionistas)
- eram intuitivas e altamente empáticas — em profunda sintonia com as emoções alheias
- demonstravam carinho, compaixão e interesse pelos sentimentos dos outros
- eram hipersensíveis a críticas e a reprovação, principalmente dos familiares.

A palestrante disse ainda que essas pessoas tendem a acreditar-se responsáveis pelos sentimentos de todos, são muito propensas à depressão e ao isolamento, costumam retrair-se diante de situações sociais e geralmente sofrem de um intenso ódio por si mesmas.

À medida que ela falava, eu não parava de pensar comigo mesmo: *"Rapaz, isso sou eu."*

Então ela disse que havia descoberto o que realmente causa os distúrbios alimentares: o fato de essas pessoas inteligentes e hipersensíveis criarem "duas mentalidades", por ela chamadas de *Mente Negativa* e *Mente Real*. A palestrante definiu então a Mente Negativa como uma "voz" autoritária dentro da mente da pessoa anoréxica, a qual lhe diz coisas como: "Todo mundo ficaria bem mais feliz se você estivesse longe", "Como é que você pôde ser tão egoísta?", "Você nunca faz nada certo" e "Por que você não morre de uma vez?"

Por fim, disse a palestrante, a Mente Real da pessoa (a expressão que ela usava para referir-se à verdadeira personalidade ou eu real do anoréxico) se debilita tanto com essa avalanche com que constantemente a ataca a Mente Negativa que a pessoa começa a achar que os outros estariam mesmo mais felizes se ela não estivesse por perto. Isso leva os anoréxicos a expressarem sua "falta de eu" por meio de comportamentos que lhes trazem sofrimento, fazendo-os fugir das pessoas e recusar-se a comer. Portanto, quando deixam de alimentar-se, eles não estão tentando perder peso, mas agindo conforme a convicção de que a vida seria melhor se eles não existissem.[1]

O momento em que a minha vida mudou para sempre

Então a palestrante disse algo que mudou o rumo da minha vida. Ela afirmou que o número de mulheres que sofrem de distúrbios alimentares é oito vezes maior que o de homens. Ela disse mais: que os homens que sofrem de auto-imagem negativa provavelmente manifestam sua "falta de eu" de outras formas que não por meio de distúrbios alimentares. Nos

---

1. De uma palestra proferida por Peggy Claude-Pierre em Mount Holyoke College, em 20 de outubro de 1997.

segundos seguintes, eu tive uma percepção completamente inesperada — um momento de lucidez e sabedoria totais; e, nesse momento, eu senti que havia acabado de descobrir uma coisa que mudaria o curso não apenas da minha própria vida, mas também o da vida de muita gente pelo mundo afora. Foi nesse momento que o livro que você está lendo agora nasceu.

Naquele momento, eu me fiz duas perguntas muito simples: "Por que oito vezes mais mulheres sofrem de distúrbios alimentares? E por que, se eu me identifico tanto com essa descrição de alguém que sofre do problema, eu não tenho um distúrbio alimentar?"

Eu sabia que não poderia ser porque só as mulheres têm auto-imagens negativas; como já disse, eu me identificava muito com a descrição do indivíduo que sofre de um distúrbio alimentar e, sem dúvida, me identificava também com a questão da "falta de eu". Portanto, eu sabia que precisava haver outra explicação. Mas qual?

Para responder a essa pergunta, eu a mim mesmo fiz outra pergunta: "Existe alguma diferença entre o que as mulheres e os homens associam ao seu valor como pessoas, pelo fato de lhes terem ensinado assim?"

Imediatamente percebi que, de fato, há uma considerável diferença entre o que se ensina a homens e a mulheres a respeito do seu valor próprio.

O que se ensina às mulheres a respeito do seu valor como pessoas

Voltemos atrás um instante para ver como eu respondi às perguntas que acabo de lhe apresentar. Deixe-me fazer-lhe uma pergunta: o que foi dito ou ensinado às mulheres a respeito do que seja o seu valor como pessoas? Sempre que faço essa pergunta em seminários e *workshops*, as mulheres invariavelmente respondem, independentemente do local em que estejamos: "Que o valor da mulher está em seu corpo."

Ou seja, as mulheres ouviram e aprenderam (por séculos, literalmente) que seu valor está no seu corpo físico (quer dizer, na sua aparência) ou depende dele. Por favor, preste atenção ao que eu NÃO estou afirmando: eu NÃO estou dizendo que o valor de uma mulher esteja no seu corpo físico. O que estou afirmando é que isso foi o que *se ensinou* ou *se disse* às mulheres, implícita e explicitamente, em praticamente qualquer circunstância e na grande maioria dos casos, durante séculos. (Obviamente, há exceções a essa regra. Todavia, com base no que tenho ouvido de centenas de mulheres da África à Austrália, fica claro que essa experiência se aplica à grande maioria dos membros do sexo feminino.)

Agora, pense nisso um instante. O que aconteceria a uma mulher que tivesse ouvido ou aprendido que seu valor como pessoa depende do seu corpo físico se ela criasse uma auto-imagem profundamente negativa, a ponto de acreditar que as pessoas seriam mais felizes se ela estivesse longe? Você não acha que faz sentido que essa mulher prive de alimento justamente aquela parte de si mesma que ela acredita ter mais valor — isto é, seu corpo físico?

Esse foi o meu raciocínio naquela noite no seminário. Isso explica por que uma mulher que desenvolve uma imagem profundamente negativa de si mesma iria privar seu corpo físico de alimento — porque estaria atacando assim a parte de si que ela pensa (inconscientemente) ser a mais valiosa.

"Portanto", pensei comigo mesmo, "no caso de uma pessoa hipersensível e inteligente que sofra de uma falta de eu — e que tenha aprendido que seu valor está no corpo físico —, o comportamento apresentado será a recusa em comer (isto é, matar o corpo de fome)." Essa foi a explicação mais simples que já obtive da razão pela qual uma pessoa inteligente e sensível se deixaria morrer de fome.

O que se ensina aos homens a respeito do seu valor como pessoas

"E os homens?", continuei. "O que se ensina aos homens a respeito de seu valor como pessoas?" Estava claro que, ao passo que às mulheres se disse que o valor delas está em seu corpo físico, aos homens se ensinou que o valor deles está em seu corpo *material* (por exemplo, em seu nível de sucesso, em seu *status*, em suas posses materiais ou na sua posição na sociedade).

Mais uma vez, observe que eu *não* estou afirmando que o valor de um homem esteja no seu nível de sucesso. O que estou dizendo é que, na grande maioria dos casos, os homens *ouviram* e *aprenderam* que seu valor está nisso. (E essa experiência, mais uma vez, foi corroborada por homens — e também mulheres — em todos os países em que estive.)

"Portanto", pensei comigo mesmo, "o que aconteceria a um homem que tivesse ouvido ou aprendido que seu valor como pessoa depende de seu nível de sucesso se ele criasse uma auto-imagem profundamente negativa? Você não acha que faz sentido que esse homem prive de alimento justamente o aspecto de si mesmo que ele acredita ter mais valor — em outras palavras, seu corpo material (em oposição ao corpo físico)?"

"E isso não implica", prossegui eu, "que o comportamento visível, exibido exteriormente por essa pessoa, seja uma *recusa em ter sucesso?*"

"*Sim, isso de fato faz sentido*", foi o que eu disse a mim mesmo. Na verdade, essa percepção tinha mais sentido que tudo que eu já tinha lido ou ouvido a respeito do sucesso.

Naquele momento, percebi que, quando a Mente Negativa de uma pessoa (da qual falaremos mais no próximo capítulo) cria uma "falta de eu" que se manifesta em seu corpo físico, produz a "anorexia do alimento" — isto é, a privação da comida. Porém, se o mesmo mecanismo (uma auto-imagem profundamente negativa) causar uma falta de eu em alguém que acredita que seu valor esteja no seu nível de sucesso, produz algo que só poderia ser chamado de *anorexia do sucesso.*

Naquele instante, percebi que havia acabado de descobrir uma coisa: um mal que afeta milhões de pessoas mas que, como ainda não havia sido identificado, nem sequer tinha um nome. Vi que cabia a mim a responsabilidade não só de divulgar a existência desse problema, mas também de dar-lhe um nome.

O mal que não tem nome

O medo do sucesso. Auto-sabotagem. Você alguma vez já tentou descobrir de onde essas coisas vêm ou qual a sua origem?

Eu já havia me perguntado isso centenas de vezes antes daquele profético seminário. Só que naquela noite eu percebi que, como milhões de outras pessoas, eu havia creditado a minha falta de sucesso ao "medo do sucesso" ou à "auto-sabotagem" — mesmo que essas fossem expressões vazias, que não explicavam por que fazemos isso nem como parar de fazê-lo!

Eu jamais havia visto alguém explicar com tanta clareza o que na verdade cria o medo do sucesso e a auto-sabotagem como naquele momento. Naquela noite de outubro, percebi algo que nunca havia lido nem ouvido em todos os meus anos de estudo da literatura tradicional sobre o sucesso: que o medo do sucesso e a auto-sabotagem não são a causa do fracasso — em vez disso, elas são efeitos provocados por outra coisa.

Por todos esses motivos e devido à percepção que acabo de descrever-lhe, eu me tornei de repente — não sei por quê — a primeira pessoa a identificar a existência de um mal que na verdade cria o medo do sucesso e produz o comportamento que normalmente chamamos de "auto-sabotagem". Já que fora eu quem havia descoberto o problema e já que eu tinha a responsabilidade de divulgá-lo, percebi que precisava criar um nome para ele.

Foi por isso que chamei esse mal de **anorexia do sucesso.**

O que é a anorexia do sucesso?

Está lembrado da navalha de Ockham, conforme a qual a explicação mais simples geralmente é a mais verdadeira? Se nós a utilizarmos, veremos que uma verdade muito simples acaba de apresentar-se diante de nós, que é a seguinte:

Há certas pessoas muito sensíveis, inteligentes e solidárias cuja auto-imagem é profundamente negativa. Esse fato normalmente provoca algo que seria mais bem descrito como "falta de um eu próprio". Quando pessoas com esse perfil acreditam (porque assim lhes foi ensinado) que seu valor está no seu nível de sucesso (isto é, seu corpo material), sua falta de eu pode manifestar-se sob a forma de privação do sucesso. Ou seja, o comportamento exterior, visí-

vel, demonstrado por essas pessoas será uma recusa em ter sucesso, do mesmo modo que alguém que tem um distúrbio alimentar se recusa a comer.

Portanto, essas pessoas sofrem de algo que pode ser muito adequadamente chamado de anorexia do sucesso.

Agora, eu sei que certas pessoas podem achar estranho ou esquisito falar de "recusa a ter sucesso", de "privar-se do sucesso" e de anorexia do sucesso. Mas quando descobrimos um novo modo de ver as coisas, precisamos inventar um novo modo de falar sobre elas. Não falamos do sucesso em termos muito semelhantes aos que usamos para a comida? Quem nunca ouviu falar em "fome de sucesso"? Ou no "sabor da vitória", no "fruto do trabalho", em "planos que produzem fruto", e por aí vai?

Independentemente de isso ser estranho ou não, a questão é que o que estamos chamando de "sucesso" é algo de que os seres humanos têm fome — mas, infelizmente, muitos de nós nos privamos justamente daquilo que mais queremos. (A definição mais simples de sucesso que eu já vi pode ser encontrada no Capítulo 17.)

E as mulheres?

Depois de ter lido sobre a diferença entre homens e mulheres no que diz respeito ao que lhes ensinam sobre seu valor próprio, você deve estar se perguntando: "Isso quer dizer que as mulheres não sofrem da anorexia do sucesso?"

Voltemos à navalha de Ockham para responder a essa pergunta. Seja isto politicamente correto ou não (e obviamente não é), parece claro que as mulheres tradicionalmente aprenderam que seu valor está em seu corpo físico, enquanto os homens aprenderam que seu valor provém de seu nível de sucesso.

Entretanto, também está claro que as mulheres hoje em dia trabalham tanto quanto os homens — e muitas vezes mais! Por isso, parece provável que a anorexia do sucesso atualmente atinja as mulheres quase tanto quanto os homens, pois muitas mulheres agora poderiam "aceitar" que seu valor está no seu nível de sucesso (do mesmo modo que tradicionalmente lhes ensinaram que seu valor estava no físico).

Esse é exatamente o caso. Na verdade, mais da metade de meus alunos e clientes é mulher.

Sem dúvida, a anorexia do sucesso atinge quase igualmente homens e mulheres, o que a coloca muito distante da proporção de oito mulheres para um homem verificada no caso dos distúrbios alimentares. Acho que a razão para essa distribuição praticamente igual da anorexia do sucesso entre homens e mulheres simplesmente reflete a crescente presença das mulheres na força de trabalho. Todavia, ela significa também que as mulheres estão agora privando-se não apenas da comida, mas também do sucesso. (Nota: acredito que a principal razão para que mais mulheres do que homens me consultem é que a maioria dos homens julga extremamente difícil pedir ajuda, ao passo que as mulheres geralmente são mais incentivadas a fazê-lo. Veja o Capítulo 16.)

Mais uma vez, por favor não confunda o que eu estou dizendo. Eu não quero insinuar que o valor de uma mulher esteja no corpo ou na aparência, nem que o de um homem esteja no seu *status* ou no nível de sucesso. Qualquer pessoa que pense um pouco verá que estou dizendo apenas que essas são medidas exteriores, impostas pela sociedade tanto a homens quanto a mulheres, e não têm correlação alguma com o valor real ou intrínseco de nenhum ser humano.

Quer gostemos deles, concordemos com eles, ou queiramos ou não admitir, esses padrões externos — a aparência das mulheres e o sucesso dos homens — definiram durante séculos as posições feminina e masculina na sociedade; talvez mesmo desde que a "sociedade" existe. Isso é um fato, independentemente do nosso querer, da nossa concordância ou aceitação. Não o estou defendendo nem apoiando; tampouco acho que as coisas devam ser assim. Estou simplesmente afirmando um fato que faz parte da condição humana.

Se nos concentrarmos demais nessas análises do que é "politicamente correto", estaremos passando inteiramente ao largo do que constitui a razão de ser deste livro. O que importa perceber aqui é que, quando um ser humano inteligente, solidário e supersensível cria uma auto-imagem profundamente negativa, o que muitas vezes sucede é um distúrbio alimentar (isto é, a recusa em comer ou a privação de alimento), ou um

distúrbio de sucesso — termo que criei para descrever a recusa em ter êxito ou aquilo que eu chamo de privação do sucesso.

Lembre-se de que o essencial nesta minha descoberta é que aquilo que dá origem a um distúrbio de sucesso é exatamente o mesmo mecanismo que produz um distúrbio alimentar — isto é, o domínio temporário de uma auto-imagem profundamente negativa sobre o Verdadeiro Eu de uma pessoa. No próximo capítulo, analisaremos mais detidamente essa expressão.

Você está se privando do sucesso?

Eis aqui um exercício bastante simples que o ajudará a compreender melhor esse problema chamado anorexia do sucesso. Aposto que você escreve ou já escreveu um diário em algum momento de sua vida. Eu sugiro que você crie um a partir de agora, pois isso a ajudará a superar a anorexia do sucesso. Ao longo deste livro, farei referências a esse diário quando recomendar os exercícios que estão no fim de alguns dos capítulos. Se quiser, chame-o de seu "Diário da Decisão para o Sucesso". (Por falar nisso, sugiro que você escolha um que tenha capa e papel que lhe agradem. Assim, ao escrever, você estará dando a si mesmo uma recompensa, em vez de uma obrigação. Da mesma forma, escolha também uma caneta de que goste.)

Comece seu Diário da Decisão para o Sucesso com o seguinte exercício. Ele é muito simples e lhe tomará menos de cinco minutos, mas lhe mostrará claramente qual a sua atitude diante desse problema. Você só precisa completar as orações abaixo com o que primeiro lhe vier à cabeça:

1. Eu acho que o meu valor está em...
2. Ensinaram-me que o meu valor provém de...
3. Acho que tenho de...
4. Sempre me disseram que eu tenho de...
5. Minha mãe me disse que eu...
6. Meu pai me ensinou que eu...
7. Aprendi na escola que eu...

8. Eu deveria...
9. Eu tenho de...
10. Se eu for bom para mim mesmo, eu...
11. Se eu disser algo de bom a meu próprio respeito, eu...
12. Se alguém me disser algo de bom, eu...
13. Quando alguém me elogia, eu geralmente...
14. Quando alguém sente atração por mim, eu...
15. Quando estou feliz, eu...

Não existem respostas certas nem erradas; existem simplesmente as *suas* respostas. O objetivo desse exercício é mostrar-lhe onde você acha que o seu real valor está — ou onde lhe ensinaram que ele está — e permitir-lhe ver se isso o ajuda ou atrapalha.

Tendo ou não um diário, reserve cinco minutos e faça o exercício acima agora mesmo. A propósito, você sabia que a palavra *exercitar* vem de uma palavra latina que significa "retirar os limites" (*ex-*, fora, *arcere*, conter, limitar)? Você não acha que essa é uma boa maneira de pensar sobre o conceito de "exercitar" — em vez de uma tarefa que deve ser evitada de todas as formas, um meio de *superar seus limites*?

Quando terminar o exercício, leia as suas respostas em voz alta. Se puder contar com alguém que o escute sem julgamentos, chame essa pessoa, explique-lhe o que está fazendo e então leia as respostas para ela. Peça-lhe que ouça, simplesmente, sem comentar nem julgar. Você se dava conta do conteúdo de suas respostas antes de escrever? Ficou surpreso com alguma delas?

Muitas pessoas — muitas mesmo, bem mais do que imaginamos — vive sujeitando-se dia após dia a uma parte profundamente negativa de si mesmas; uma parte que não tem dó nem misericórdia; que parece empenhar-se na autodestruição.

De onde vem essa auto-imagem negativa — e o que acontece quando do pessoas sensíveis e solidárias se deixam dominar por uma parte tão negativa de si mesmas?

5

O que provoca a anorexia do sucesso?

Eu gostaria que você parasse um instante e fizesse um exercício comigo. (Como este é um exercício de imaginação, você não vai precisar nem se levantar da cadeira.) Imagine por um instante que você está no seu banheiro, olhando-se no espelho. O que você vê?

Quando você se olha no espelho de um banheiro, a resposta mais evidente é que você vê um reflexo relativamente preciso de si mesmo (neste caso, *preciso* significa "bidimensional").

Continuando com o exercício, imaginemos que, ao lado da sua casa, exista um parque de diversões, um desses parques com aquele monte de bobagens que sempre nos dão vontade de rir (de nós mesmos). Imagine então que você esteja entrando no salão dos espelhos e que olhe para a imagem que vê refletida num deles. O que você vê agora?

Quando você se olha num "espelho mágico" de parque de diversões, o que tem de si mesmo é uma imagem distorcida — ou seja, uma imagem ou reflexo que o faz parecer uma coisa que você não é.

Por exemplo, ao ver-se num desses espelhos, você poderia achar que tem mais de dois metros de altura porque é assim a imagem que ele reflete. Em outro, você poderia ter a impressão de medir apenas meio metro. O importante é que, quando você se vê num "espelho mágico", tem uma imagem distorcida — uma imagem que não reflete de modo algum sua verdadeira imagem.

Quando você entrou no parque de diversões, passou a ter de fato mais de dois metros ou apenas meio metro de altura? É claro que não. A razão para sua silhueta aparecer distorcida é que o espelho foi criado para fazer com que você parecesse ter aquela imagem, ou seja, alguém criou o espelho para provocar esse efeito específico.

O espelho tem culpa de que você pareça algo que não é? Não. Alguém o criou para isso. Você tem culpa de acreditar no que vê? Não, tampouco é sua culpa, pois você só está interpretando as imagens que vê. Portanto, na verdade, ninguém é "culpado" dessa situação.

Muito bem, você já sabia que o reflexo que vê num espelho de parque de diversões — ao contrário do de um espelho comum, de banheiro — não corresponde à sua verdadeira imagem. Essa é a função de cada um desses espelhos. Mas suponhamos que acontecesse uma coisa muito estranha com você:

E se, por alguma razão, você esquecesse como é a sua própria imagem?

E se você só tivesse visto a sua imagem num espelho mágico de parque de diversões? E se você nunca tivesse se visto num espelho comum e não soubesse como é o seu próprio reflexo? Se isso tivesse acontecido, o que você seria obrigado a pensar de si mesmo?

Se os únicos dados que você tivesse a seu próprio respeito fossem imprecisos ou distorcidos — isto é, se você só tivesse visto a sua imagem refletida num espelho de parque de diversões — você não teria outra opção a não ser acreditar que a imagem que viu nesse espelho correspondia à sua. Você acreditaria no que viu.

É isso o que causa a anorexia do sucesso.

O que acreditamos a nosso próprio respeito é verdade para nós

O ser humano é levado a acreditar naquilo que seus sentidos lhe dizem que é verdade. A natureza nos fez de tal maneira que aceitamos como verdadeiros os dados que recebemos a partir dos sentidos, a menos que recebamos novas informações que contradigam o que eles nos dizem. Por conseguinte, se os seus sentidos (quer dizer, os sentidos interiores) lhe dissessem, por exemplo, que "todos seriam mais felizes se você não estivesse por perto", e você não dispusesse de outros dados (de ordem sensorial, como os que são fornecidos por outra pessoa), não lhe restaria outra alternativa a não ser acreditar que essa mensagem é verdadeira. E, já que o nosso comportamento provém de nossas convicções, você acabaria agindo conforme essa certeza, violentando-se e sacrificando-se — simplesmente porque teria sido obrigado a acreditar numa imagem completamente diferente daquilo que você realmente é.

O Reflexo Negativo e o nosso Verdadeiro Eu

Eu costumo usar o exemplo acima para mostrar ao meu público por que tanta gente sofre de auto-imagem negativa. Falando com toda a franqueza, muitos de nós fomos criados "no parque de diversões". Em outras palavras, muita gente jamais se viu como realmente é e, além disso, não tem a mínima noção de que a imagem distorcida e negativa que tem de si é falsa.

Cunhei a expressão **Reflexo Negativo** para descrever esse fenômeno. Ele é simplesmente aquela parte de nós que não acredita em nada de bom em relação a nós mesmos, só no pior.

A razão por que uso o termo *Reflexo Negativo* é que, com ele, estarei ajudando as pessoas a verem que essa parte é literalmente isto: um mero reflexo do nosso Verdadeiro Eu, de Quem Nós Realmente Somos (discutiremos isso em breve).

De onde vem o nosso Reflexo Negativo? Há gente que diz que já nasceu com ele; outros dizem que ele se desenvolve devido ao ambiente em que fomos criados. Eu continuo preferindo usar a navalha de Ockham, pois acredito que a explicação mais simples é aquela que une o que somos (nossa personalidade essencial, com a qual já nascemos) ao ambiente (os métodos usados em nossa criação).

Por exemplo, qualquer mãe dirá que cada filho seu tem sua própria personalidade, algo que o distingue dos outros desde o dia em que nasceu. Ao contrário do que afirmam alguns *"experts"*, não nascemos como folhas em branco; cada um de nós nasce com certas predisposições e características genéticas. Por exemplo, uma coisa que machucaria muito uma criança poderia não afetar outra em nada. Portanto, a hereditariedade e a genética — nossa personalidade básica, individual — têm papel importante na determinação da possibilidade de criarmos uma auto-imagem negativa ou não. E, nesse caso, até que ponto ela irá.

Entretanto, parece óbvio que os fatores ambientais também entram em jogo na determinação da intensidade do nosso Reflexo Negativo. Por exemplo, se os seus pais ou responsáveis eram emocionalmente distantes, se constantemente o comparavam a seus irmãos ou a outras crianças, se você foi vítima de violência física, emocional ou espiritual ao longo do seu crescimento, esses fatores evidentemente contribuem muito para gerar futuras sensações de culpa, vergonha e ódio contra si mesmo.

O fato é que na vida as coisas raramente são uma questão de exclusão. O que geralmente se vê são situações que incluem ambas as alternativas. A forma mais simples de descrever o fenômeno dos Reflexos Negativos é dizer que certas pessoas aparentemente têm mais propensão a desenvolvê-los, ao passo que outras não.

A próxima pergunta previsivelmente será: se o Reflexo Negativo *não* é quem realmente somos, então o que é?

Os seres humanos vêm tentando responder a essa pergunta desde os primórdios da história. Há, inclusive, uma série de palavras para designar Quem Realmente Somos: *alma, espírito, prana, chi, ki, brahma, energia, o desconhecido que conhece* e muitas outras. O termo que uso para referir-me a Quem Realmente Somos é *Verdadeiro Eu*.

Independentemente do termo que você escolha, parece acima de qualquer dúvida que existe algo em nós — a "pequena e imóvel voz interior" — que abrange Quem Realmente Somos na essência. Falarei mais a respeito dessa parte de nós no Capítulo 16; por enquanto, digamos apenas que essa é a parte de nós que "conhece além do conhecimento". A pergunta agora é: O que acontece quando nosso Verdadeiro Eu é dominado por nosso Reflexo Negativo?

O valentão que existe na sua cabeça

Se o valentão da turma chegasse até você e exigisse o dinheiro do seu lanche, você teria que tomar uma decisão. Se você o enfrentasse, ele iria ou lhe dar uma surra ou recuar. No fim, se você sempre o enfrentasse, ele iria cansar-se da sua falta de submissão e parar de acuá-lo — pois a "força" de um valentão não é mesmo força, mas intimidação.

O Reflexo Negativo é como um valentão na sua cabeça. Ele ataca o Verdadeiro Eu por meio da intimidação e de uma série de mensagens interiores de autonegação. Ironicamente, nosso Reflexo Negativo sabe quais as nossas partes mais fracas e não é de admirar que ataque com mais força justamente essas partes, pois isso é o que faria um valentão.

Por exemplo, Susan, uma de minhas alunas, contou-me que se sentia muito culpada sempre que desejava algo para si, principalmente se fosse uma viagem sozinha, toda para ela. Susan se sentia culpada e "egoísta" por querer afastar-se da família e das responsabilidades do trabalho. Como, para ela, ser "egoísta" era o mesmo que ser "má", essa mensagem era muito eficaz no sentido de impedi-la de fazer as coisas que mais queria.

Uma das coisas que você pode notar acerca do Reflexo Negativo é que ele se expressa em termos de preto ou branco, de oito ou oitenta: bom/mau, certo/errado, sempre/nunca. Assim, quase nunca dá espaço para o meio-termo ou para soluções alternativas. Todavia, essa é uma das formas pelas quais nós podemos enfrentá-lo e superá-lo, conforme veremos na Parte Três: A Solução.

Comecei a trabalhar com Susan dizendo-lhe que, privando-se do que gostava, ela não estaria de forma alguma ajudando a ninguém. Mostrei-lhe que, na verdade, privar-se não só NÃO ajudava os outros como também os prejudicava, pois as pessoas que a amavam queriam que ela tivesse aquilo que a fizesse feliz. Além disso, precisamos cuidar de nós mesmos para termos energia para dar aos outros. Embora no início fosse difícil para ela acreditar, aos poucos Susan percebeu que de nenhum modo se tornaria uma pessoa má por querer fazer alguma coisa por si mesma.

A autoconfiança de Susan começou a aumentar e, em poucas semanas, fez com que ela entrasse num centro comercial sem se sentir culpada por comprar algo para si. (Por sinal, essa experiência — culpa por comprar ou fazer algo para si mesmo — é muito mais comum entre as minhas alunas que entre os meus alunos.)

Logo depois disso, Susan finalmente foi capaz de tirar suas primeiras férias exclusivas. Depois ela me contou que gostara não só da viagem em si, mas de todas as etapas que ela envolveu, pois foi o fato de saber que podia viajar — muito mais que a própria viagem — o que fez a grande diferença.

A moral dessa história é que o Reflexo Negativo é apenas isto — um reflexo de nós mesmos que não é verdadeiro. Entretanto, se não tivermos os dados nem a referência de outras pessoas que nos digam que essa parte negativa que existe em nós está mentindo, só nos resta acreditar que ela, de fato, está dizendo a verdade. (Essa etapa — ganhar informações sensoriais positivas de fontes que não nós mesmos — é a mais crucial para a superação da anorexia do sucesso, conforme veremos no início do Capítulo 9.)

Por exemplo, se você foi criado num ambiente em que suas falhas e deficiências lhe eram lembradas constantemente, onde as pessoas não o aceitavam ou apreciavam pelo que você realmente é, talvez seja muito difícil você saber ou acreditar que Quem Você Realmente É seja bom o bastante. Você ficaria tão acostumado a ouvir e acreditar que não é que, quando alguém lhe dissesse o contrário, você provavelmente não acreditaria nessa pessoa.

Assim, o Reflexo Negativo é reforçado pela nossa sociedade movida pelo medo. Quando o que prevalece é a mentalidade de que só os mais fortes e bem adaptados sobrevivem, "ataque antes de ser atacado" é o lema que mais ouvimos. Isso é apenas um exemplo de como o Reflexo Negativo se manifesta na escala global. Na escala pessoal, porém, ele pode simplesmente minar a capacidade de ação das pessoas ou fazê-las acreditar que não têm nada de bom a oferecer. (Veja o Capítulo 7, a respeito de por que desprezamos nossas próprias realizações.)

A natureza dupla do ser humano

O exemplo mais famoso da natureza dupla do ser humano está em *O estranho caso do Dr. Jekyll e do Sr. Hyde*. A obra de Robert Louis Stevenson — sobre o afável Dr. Jekyll, que se transforma no homicida Sr. Hyde depois de beber uma poção criada por ele mesmo! — representa graficamente os dois lados existentes nos seres humanos: a nossa "sombra" — negativa e destrutiva — e o nosso verdadeiro eu — humano e solidário.

Quando uma pessoa apresenta anorexia do sucesso é porque o Reflexo Negativo a impede de pedir, procurar ou aceitar ajuda dos outros. O Reflexo Negativo sabe que essa ajuda representaria o seu próprio fim. Por isso, as vítimas dos distúrbios do sucesso tendem a isolar-se e afastar-se dos demais — não porque sejam anti-sociais, mas porque o Reflexo Negativo lhes diz que as pessoas não as querem por perto.

Uma das piores ironias desse mal é que justamente as pessoas que mais se interessam em ajudar os outros e a própria humanidade são as que mais se privam do sucesso — e isso precisamente porque elas querem proteger os demais da "pessoa má" que elas acham que são. Em *O estranho caso do Dr. Jekyll e do Sr. Hyde*, no final o médico caridoso se destrói para proteger a comunidade do assassino Sr. Hyde.

Não é preciso proteger ninguém de você mesmo. O mais importante é você saber que o Reflexo Negativo não é, de modo algum, Quem Você Realmente É. Em resumo, precisamos tirá-lo com urgência do espelho do parque de diversões... e colocá-lo mais uma vez diante de um espelho comum.

Como fazer isso? Você verá as respostas a partir do início do próximo capítulo.

6

As sete mentiras que mais contamos para nós mesmos e como superá-las

Alguma das seguintes orações lhe parece familiar?

1. Você nunca vai conseguir.
2. Ninguém gosta de você.
3. Todos seriam mais felizes se você estivesse longe.
4. Se você quer algo para si, está sendo egoísta; como é errado ser egoísta, você não deve querer nada para si.
5. Já que você não fez os seus pais felizes (nem contribuiu para que ficassem juntos), também não merece ser feliz.
6. Se você fosse perfeito, conseguiria o que quer, mas como não é, jamais conseguirá.
7. Por mais inteligente (esperto, bonito, divertido, bondoso, simpático) que você se ache, nunca terá sucesso. O sucesso é só para os outros, não para você.

★ ★ ★

Todo ser humano que conheço tem suas mensagens interiores próprias quando se trata de derrotar a si mesmo. Acima listei algumas das minhas favoritas. A seguir, uma lista com mensagens contraproducentes citadas por alguns de meus alunos:

- Por que você não cresce de uma vez?
- Pare de ser o filhinho da mamãe!
- Como você pode ser tão burro?
- Será que você não consegue fazer nada certo?
- Você é um completo idiota.
- Como é que se pode amar alguém tão gordo como você?
- Ninguém quer a sua companhia.
- Só o tratam bem na sua presença; é só virar as costas que todos falam mal de você.
- Você deveria ser gentil com as pessoas, senão elas não o amarão.
- Por que todo mundo sempre o abandona?

Segundo esses alunos, seu Reflexo Negativo os bombardeia diariamente com esse tipo de mensagem. Tenho certeza que você também já ouviu alguma delas uma vez ou outra. A questão é que, para muitos de nós, essas são as únicas coisas que ouvimos o dia inteiro — mesmo quando não as merecemos. Por exemplo, Amy, uma de minhas alunas, disse que os amigos a olharam com "ar surpreso" quando lhes perguntou por que tinha tanto medo do sucesso. Ela "apenas" havia criado e dirigia uma fundação não-lucrativa de apoio ao câncer, tinha publicado vários livros e artigos sobre publicidade e *marketing* e viajava do Missouri ao Illinois para fazer companhia à mãe, que estava sendo submetida a um tratamento contra o câncer! Para todo mundo, Amy era a personificação do sucesso, mas, por dentro, ela achava que nunca fazia ou dava de si o bastante.

Como lidar com o Reflexo Negativo

Conforme discutimos no Capítulo 5, o Reflexo Negativo — aquela parte de nós que nos diz que "não prestamos para nada" — é como o valentão da turma da escola. No entanto, quando se enfrenta um valentão desses, metade de seu poder vai embora: o poder da intimidação. O valentão costuma recuar quando alguém o enfrenta, pois está acostumado a ver as pessoas cederem. O que lhe sugiro é simplesmente que enfrente esse valentão que existe em sua cabeça; ao fazê-lo, você lhe roubará quase todo o seu poder de intimidação.

Se você passou quase a vida toda "no parque de diversões" e nunca se viu refletido com precisão nas pessoas que o cercam, é provável que você não saiba que esse Reflexo Negativo não é Quem Você É Realmente. Se você acredita, por exemplo, que é um egoísta, que não é bom o bastante e que não merece o sucesso (e o fato de alguém lhe haver dito isso com todas as palavras ou não pouco importa), como vai poder agir como se essas afirmações não fossem verdadeiras?

Todas essas mentiras — e o próprio Reflexo Negativo — obtêm sua força de uma única fonte: sua convicção de que elas são verdadeiras. Porém, se você nunca viu o seu verdadeiro reflexo, como é que pode saber qual a sua verdadeira imagem?

O que você diria a um amigo?

Deixe-me fazer-lhe uma pergunta: o que você diria a um amigo que estivesse se privando do sucesso? Que ele é um fracassado, que não faz nada certo, que não tem a menor idéia do que seja a vida? Por favor! Seria difícil dizer essas coisas a alguém, quanto mais a um amigo. Então, por que — já que você não conseguiria dizer essas coisas a ninguém — é certo dizê-las a si mesmo?

A verdade é que *não* é certo dizer essas coisas a você mesmo. Acontece que esse tipo de mensagem já se tornou um hábito para você. A boa notícia é que os hábitos podem ser rompidos. A forma mais eficaz de lidar com um Reflexo Negativo — e, assim, de mudar esses hábitos autodestrutivos — é tratá-lo como um valentão e enfrentá-lo. A maioria das pessoas tenta fugir quando aparece um valentão. Mas isso é exatamente o que ele quer! Ele se torna ainda mais forte com isso. Em vez de fazer o jogo do seu Reflexo Negativo, enfrente-o, exteriorizando o que ele lhe diz, em vez de rezar para que ele pare.

Você pode superar o seu Reflexo Negativo quando percebe que ele é igualzinho a um vampiro: morre ao ver a luz do dia. A "luz do dia" significa fora da sua cabeça, seja escrito no papel ou dito a outro ser humano. Convenhamos: a vida às vezes fica sombria demais dentro da cabeça da gente. Quando você tira o Reflexo Negativo de dentro da sua cabeça, escrevendo-o ou repetindo-o em voz alta para outra pessoa, imediatamente lhe rouba metade — ou mais — do poder de controle que ele tem sobre você.

Um exercício simples que destrói os pensamentos negativos

O Reflexo Negativo é como aquela fala de Jack Nicholson no filme *Questão de honra*: "Ninguém agüenta a verdade!" Para chegar à "verdade", pegue uma folha de papel e trace uma linha vertical dividindo-a ao meio. Escreva "Reflexo Negativo" na coluna da esquerda e "Verdadeiro Eu" na da direita.

Respire fundo. Então, sem censurar-se nem preocupar-se em colocar as coisas do modo certo, escreva na coluna da esquerda aquilo que o seu Reflexo Negativo lhe diz. É possível que você fique surpreso com o ódio visceral que às vezes se vê na linguagem do Reflexo Negativo. (É por isso que não se pode dizer que ele seja um reflexo "gentil".) Lembre-se: ele tem uma tarefa a cumprir, que é fazer você se sentir péssimo. É incrível como ele consegue sair-se bem, não é verdade?

Passe o tempo que for necessário e ponha tudo para fora, de modo que, depois, possa ver as coisas bem à sua frente, ali no papel. O que você está fazendo é expor o "vampiro" à luz do dia — o que significa que ele estará com os dias contados.

Quando acabar de escrever o que ouviu seu Reflexo Negativo dizer para você, faça uma pausa. Respire fundo mais uma vez. Agora, escreva o que o seu Verdadeiro Eu lhe está dizendo na coluna da direita. Alguns alunos já me perguntaram: "Como é que vou distinguir essas vozes?" Boa pergunta!

A maioria dos alunos da The Success Clinic me diz que consegue reconhecer facilmente a voz do Reflexo Negativo, pois está muito acostumada a ouvi-la. Outros dizem que ela soa como a voz cheia de desaprovação de um pai ou mãe, ou mesmo de uma figura de autoridade pouco desejada. O modo mais fácil de distingui-las é lembrar que o Reflexo Negativo não tem nada de bom para lhe dizer. Na verdade, ele não estaria cumprindo seu papel se tivesse. Lembre-se: a sutileza não é bem o forte dos valentões.

E, então, como reconhecer o seu Verdadeiro Eu, se a única voz que você ouve é a do Reflexo Negativo? A resposta é que, primeiro, você precisa exteriorizar o "valentão" do Reflexo Negativo e, depois, sentar e ficar pacientemente à escuta. Algumas pessoas dizem que a voz do Verdadeiro Eu é mansa e mais tranqüila, uma voz que ficou literalmente "à espera" de ser notada. Outras dizem que é mais uma sensação que uma voz — algo que é mais sentido ou sabido que propriamente dito ou ouvido. Muitos sentem como se a voz viesse do seu coração, e não da sua cabeça (é raro que o Reflexo Negativo esteja em outro lugar que não a cabeça das pessoas). Alguém disse que o seu Verdadeiro Eu é "a parte de mim que eu esqueci que existia, aquela parte que eu achei que tivesse desaparecido para sempre".

Eis aqui o exemplo de uma experiência com esse exercício. Bill, um estudante universitário, escreveu o seguinte no seu diário, após conhecer a técnica de exteriorização do Reflexo Negativo e do Verdadeiro Eu:

Reflexo Negativo

Você não vai conseguir fazer suas monografias porque é um & ^ %$#/ e só sabe fracassar. Você é um traidor. Está desperdiçando o dinheiro de seus pais na faculdade. Você não vale nada e o pior é que é um egoísta $%&*/, que só sabe machucar os outros. Seus amigos merecem mais do que você pode lhes dar. Seria melhor deixá-los — assim não os trairia nem magoaria mais. Você não se responsabiliza pelo que faz porque tem medo. E deve ter mesmo. Basta lembrar o quanto já "aprontou" antes. Você se acha especial. Quanta arrogância, quanta vaidade! Você não presta. Você não merece o que lhe foi dado — talento, recursos, dinheiro, amigos, família, poder — porque outra pessoa, a esta altura, já teria utilizado tudo isso muito melhor do que você. Tudo o que você já fez é inútil. Você nunca vai acabar nada do que começa porque é um idiota fraco e desorientado. Um ser humano horrível. Você devia abandonar tudo, pois aqui não é nem bem-vindo nem necessário. Você não vale nada. PRESTE ATENÇÃO AO QUE LHE DIGO! VOCÊ SABE QUE EU TENHO RAZÃO!

O Verdadeiro Eu

Cada coisa é diferente e exige abertura mental. Vou escrever minhas monografias e não preciso me preocupar com isso, pois tenho capacidade para escrevê-las. Posso fazer qualquer coisa. Sei o que é melhor para mim. Meu coração sempre me diz qual o passo que devo dar em seguida. Sou um cara afetivo e solidário. Se tenho talento, criatividade, recursos, amigos, família e um poder considerável é porque vou precisar deles para criar a obra da minha vida. Eu mereço o meu caminho. Não posso errar, pois cada coisa que faço me ensina algo de novo. Posso falhar, mas isso não me tornará menos humano nem menos surpreendente. Tenho direito de respirar e de crescer. É vital para a minha saúde que eu me exponha, que aja quando preferia não dar o primeiro passo de uma longa jornada. No entanto, se eu não der esse passo, ainda serei uma boa pessoa. Tenho o meu próprio ritmo, que não se compara ao dos outros. Preciso das pessoas para que me ajudem quando eu tropeçar, para que nenhum copo d'água se transforme em tempestade. No fundo, tudo está certo comigo, pois sou bom. Mereço ser amado, pois sou um ser humano bonito, incrível. Sou capaz de amar, pois cresço quando compartilho. Eu sou a verdade. Eu sei. Abençoado seja eu!

O Reflexo Negativo só pode dominar suas vítimas quando as mantém sozinhas e isoladas. Quando eu digo aos meus alunos que eles não são uns fracassados, que não estaríamos mais felizes se eles estivessem longe e que as pessoas de fato gostam deles e precisam deles para terem o seu próprio sucesso, é como se estivessem ouvindo isso pela primeira vez — e, de fato, geralmente é mesmo. Por exemplo, uma pessoa com anorexia do sucesso acha que, se fosse perfeita, mereceria ter sucesso. Mas, como jamais poderá ser perfeita, jamais merecerá o sucesso. Em geral, intelectualmente as pessoas sabem que não precisam ser perfeitas para merecer o sucesso; mas nós já vimos que os seres humanos não são guiados pelo intelecto, mas pela natureza passional (aquilo em que realmente acreditamos). Não é preciso que sejamos perfeitos para merecer o sucesso ou gozar do sucesso. Uma das definições de humano é "propenso a — ou caracterizado por — fraquezas e debilidades associadas aos seres humanos enquanto seres imperfeitos". A pessoa perfeita não existe. Por mais que queiramos abolir nossas falhas e ser "perfeitos", isso nunca irá acontecer.

Uma de nossas principais tarefas enquanto seres humanos é aceitar que jamais seremos perfeitos, apesar de podermos lutar continuamente para aperfeiçoar-nos. Uma das grandes ironias da vida é que jamais podemos ver-nos como realmente somos. Só podemos avaliar ou conhecer nosso verdadeiro valor para os outros quando nos vemos refletidos em seus olhos.

Lembra-se do filme *A felicidade não se compra?* Lembra como o personagem de Jimmy Stewart, George Bailey, estava prestes a suicidar-se porque achava que era um fracasso e que seria melhor morrer? (Um exemplo perfeito de como o Reflexo Negativo nos mostra uma imagem completamente distorcida da realidade!) Na cena final do filme, quando as pessoas descobrem que George estava em dificuldade, elas abrem o coração — e a carteira — para ele, em retribuição a tudo que ele fizera por elas.

George Bailey é como todos nós. Ele não sabia que tinha algum valor na vida, até Clarence, o Anjo, mostrar-lhe como seria a vida sem ele. Ao ver como sua presença e sua vida afetavam a vida de tantas outras pessoas, George recuperou a vontade de viver!

O mesmo vale para você e para mim. Quando você fizer o exercício acima, verá que esteve ouvindo apenas um dos lados da sua cabeça, o negativo. Eu não estou dizendo que você precisa destruí-lo ou eliminá-lo. Isso não é nem possível nem necessário para uma vida feliz. Em vez disso, basta uma mudança gradual da escuridão para a luz da verdade — a verdade de que a vida precisa de você aqui, que a sua presença tem uma razão de ser e que nenhum de nós seria mais feliz se você estivesse longe.

Essas verdades contradizem de forma direta algo que muitas pessoas ouvem a vida inteira; algo em que acreditam piamente. Não é preciso eliminar a escuridão para usufruir da luz. Porém, se quisermos ser e fazer aquilo que devemos ser e fazer, precisamos do apoio necessário para sair das trevas do medo, do ódio contra nós mesmos e da solidão. O restante do livro tratará exatamente disso.

Reserve os próximos dez minutos para fazer o exercício apresentado neste capítulo. Pegue seu Diário da Decisão para o Sucesso e faça uma linha no meio da página. Escreva "Reflexo Negativo" no alto da coluna da esquerda e "Verdadeiro Eu" no alto da coluna da direita. Respire fundo. Então escreva o que ouve o seu Reflexo Negativo dizer e o que o seu Verdadeiro Eu responde.

Você talvez fique surpreso ao ver o quanto o ataque de seu Reflexo Negativo é implacável. Não se preocupe; ele está apenas cumprindo o seu papel. É possível também que você precise apurar os ouvidos com muita atenção e cuidado para ouvir o que o seu Verdadeiro Eu lhe diz. Por favor, dedique-se agora a superar seus limites (lembra-se daquela definição de "exercício"?) e escreva o que ambas as partes de você têm a dizer. Garanto-lhe que, se fizer esse exercício, descobrirá várias das razões ocultas que o impedem de obter o sucesso que deseja e merece.

Se tanta gente vem escrevendo e pensando sobre o sucesso há tanto tempo, como é que a anorexia do sucesso pôde permanecer oculta por tanto tempo?

7

Os disfarces da anorexia do sucesso

Tanto já se escreveu e foi dito sobre isso que chamamos "sucesso" que parece impossível que ninguém tenha descoberto a anorexia do sucesso antes de mim. Entretanto, vejamos alguns desses que eu chamo de "disfarces" da anorexia do sucesso para entender como e por que isso aconteceu. (Neste capítulo, apresentarei algumas das manifestações mais comuns desse mal. Na Parte Três: A Solução, você verá o que fazer para superar esses sintomas, eliminando, antes de mais nada, aquilo que os provoca.)

A corrida da vida

Em primeiro lugar, precisamos lembrar que a pessoa que sofre de anorexia do sucesso está sendo comandada pelo valentão do seu Reflexo Negativo, que lhe diz o tempo todo coisas como: "Você é um fardo para todo mundo", "Você nunca vai conseguir", "Você é um fracasso" e assim por diante. Na maior parte do tempo, nós nem temos consciência de que essas mensagens estão sendo transmitidas dentro de nós; simplesmente temos a impressão de que há uma "tagarelice" constante na mente, a qual dificulta que tenhamos uma boa sensação a respeito de nós mesmos. Esse fenômeno geralmente é chamado de "corrida da mente" — isto é, a mente está o tempo todo correndo de um pensamento para outro a fim de evitar o que incomoda, aquilo que está por trás da "ocupação" da pessoa. Porém, o importante a compreender em relação à anorexia do sucesso é o efeito que essa corrida da mente gera na sua vida. Minha experiência mostra que ela produz o efeito que chamo de *corrida da vida*.

A corrida da vida ocorre quando a pessoa, na tentativa de evitar o sofrimento, fica saltando de um projeto para outro, de um emprego para outro e até mesmo de uma região do país para outra. Muitas vezes, quando do o sucesso afinal parece estar ao alcance de sua mão, a pessoa muda de repente para outra coisa completamente diferente, começando do zero — porque esse é o único lugar em que se sente segura e à vontade.

Por exemplo, certa feita eu calculei quantas vezes eu havia me mudado antes do meu trigésimo aniversário e notei, para meu espanto, que havia me mudado trinta e oito vezes em trinta anos — e que as primeiras quinze vezes foram antes de eu fazer quinze anos! Por isso, fiquei mais acostumado a me mudar do que a ficar num lugar só por um tempo maior (um ano, por exemplo). Lembro-me claramente de ter feito um curso de teatro logo que entrei no segundo grau — só que não sosseguei enquanto não tive a certeza de que não continuaria fazendo o curso ali no ano seguinte.

A questão é que começar toda vez do zero não é só desgastante como também jamais poderá levar ao sucesso. Certamente não se trata de uma coincidência. Eu acho que, no fundo, todos nós sabemos que, se ficássemos com uma coisa o tempo necessário, acabaríamos praticamente *tendo* que ter sucesso.

Por que desprezamos nossas próprias realizações

Outro disfarce muito comum da anorexia do sucesso é o desprezo pelas nossas próprias realizações, por maiores que sejam, como se nada tivessem de especial. Dizemos a nós mesmos e aos outros coisas como: "Ah, não foi nada. Qualquer um poderia fazer isso. Veja quantas coisas eu não fiz..." Lembra-se de Amy, que criou e dirige uma fundação não-lucrativa de pesquisa do câncer e viaja do Michigan ao Illinois e, mesmo assim, acha que ainda não está dando o máximo de si ou fazendo o bastante? E Dan, que sempre dizia aos que o elogiavam: "Não fiz nada — eu só fiz vender"? Mark, outro aluno meu, me contou que havia aprendido sozinho a tocar violão, piano, baixo e bateria (e provavelmente mais alguns instrumentos) antes dos dezoito anos — e, no entanto, ele achava que isso não era nada de especial!

A razão para não nos sentirmos à vontade quando achamos que somos bons ou para não nos permitirmos ter orgulho de nossas próprias realizações é simplesmente porque nós acreditávamos nas boas intenções de nossos pais ou responsáveis quando diziam: "Não ponha o chapéu onde a mão não alcança... Ninguém gosta de gente exibida... Não seja arrogante, pois assim ninguém vai gostar de você."

Não há nada de errado em não ser arrogante. Eu não estou dizendo que a gente deva sair por aí se elogiando. As pessoas que realmente têm sucesso não precisam dizer a ninguém o quanto se acham maravilhosas. A humildade, de fato, é uma virtude e uma marca de quem é feliz e bem-sucedido de verdade. O problema é que nós muitas vezes somos bons *demais* em não acreditar que tenhamos algo de especial — ou até mesmo de bom.

Como queríamos tanto agradar a nossos pais e fazer todos felizes, nós (inconscientemente) resolvemos que o melhor modo de fazer isso era mostrar a todo mundo que não gostávamos muito de nós mesmos. Assim, quando alguém nos criticasse, poderíamos dar-nos uma surra dez vezes pior. Você já percebeu que ninguém pode ser tão prejudicial a nós quanto nós mesmos?

O problema é que o desprezo pelas nossas próprias realizações tornou-se um hábito... e depois, para muita gente, uma profecia que se cumpre. As pessoas às vezes chegam ao ponto de nem conseguir lembrar quando fizeram algo bom o bastante. Ou de achar que não merecem nem sequer viver.

As pessoas com quem trabalho para ajudá-las a superar a anorexia do sucesso são, sem dúvida, as mais inteligentes, interessadas, talentosas e criativas que já conheci. A parte mais triste que há naquilo que faço é ver como as pessoas se desvalorizam. É claro que isso é por causa do Reflexo Negativo, cuja função é jamais nos deixar satisfeitos com nós mesmos nem permitir que vejamos em nós mesmos algo de bom. Infelizmente, ele desempenha a sua função com uma competência invejável.

Os "filmes dos piores momentos"

Outro disfarce da anorexia do sucesso é aquilo que chamo de *filmes dos piores momentos*. Criei essa expressão quando percebi que aquilo que chamamos de "auto-estima" na verdade é uma criação das imagens que estamos projetando mentalmente o tempo todo. Por exemplo, as pessoas que têm um alto nível de auto-estima constantemente projetam em suas mentes mensagens que as fazem sentir-se bem com elas mesmas. As que têm baixo nível de auto-estima, por outro lado, constantemente se esquecem ou passam por cima das coisas boas que já fizeram e sempre se lembram das vezes em que "falharam" ou ficaram aquém de suas metas.

Deixe-me dar-lhe um exemplo. Você sabia que Michael Jordan, o maior jogador de basquete de todos os tempos, errou muito mais arremessos do que os que acertou? Que ele perdeu 36 arremessos no fim de um jogo que poderia ter sido ganho pelo seu time — o Chicago Bulls — se ele acertasse? Que, em suas três primeiras temporadas, o número de jogos que o Chicago Bulls perdeu foi maior que o número de jogos que ganhou? E que ele resistiu a sete temporadas péssimas ("formadoras de caráter") até chegar às Finais da NBA?[2]

Todavia (e é por isso que nós, e mais da metade do planeta, sabemos quem é Michael Jordan), desde que chegou às Finais da NBA, ele jamais perdeu uma. Michael Jordan foi considerado o melhor jogador de todas as finais em que jogou, ganhando o título de artilheiro de quase todas as tem-

---

2. National Basketball Association, a associação que congrega os melhores times de basquete dos Estados Unidos. (N. da T.)

O PROBLEMA

poradas da NBA de que participou. E, apesar de ter errado muito mais arremessos do que os que acertou, as cestas que fez são inesquecíveis.

Quando você assiste a um filme sobre Michael Jordan, o que você vê? As três primeiras temporadas que ele perdeu, aquelas sete frustrantes temporadas até chegar às finais da NBA — ou suas belas "enterradas" na cesta e os beijos dados nos troféus? Os arremessos perdidos ou as cestas incríveis que ele fez?

A resposta é óbvia: é claro que o filme mostra um Michael Jordan triunfante, vencedor, bem-sucedido. É por isso que o filme se chama um filme dos melhores momentos. Quem gostaria de ver um filme dos piores momentos?

No entanto, o que é que nós fazemos na maioria das vezes? Quase todos nós nos dizemos coisas como: "Se eu não tivesse (errado isso ou aquilo, se eu não tivesse tomado aquela decisão errada), se eu tivesse (conseguido mais tempo, se tivesse sabido o que fazer)."

Isso lhe parece familiar? A questão é que nós nem sempre nos dizemos essas coisas assim, com todas as palavras. (É por isso que a maioria de nós não tem consciência das mensagens que enviamos a nós mesmos a cada dia.) A mente humana funciona por meio de imagens e sensações. Por conseguinte, o que de fato acontece é que as imagens das situações em que "erramos" e "fracassamos" continuam passando e repassando pela nossa cabeça numa espécie de "filme mental" até conseguirem criar sensações desagradáveis que ficam gravadas para sempre na psique.

Quando projetamos um filme na tela da mente (isto é, um filme mental ou mnemônico), ele cria uma sensação positiva ou negativa. Isso é exatamente o que acontece quando vemos um filme no cinema. Por exemplo, quando vemos um filme em que alguém chupa um limão, temos na boca a sensação do azedume. Quando você leu essa frase, não aconteceu isso? Você não sentiu um gosto azedo na boca exatamente como sentiria se tivesse acabado de chupar um limão de verdade?

Esse exemplo mostra como é poderosa a força da mente. Somos capazes de acreditar numa coisa que nem sequer aconteceu ainda!

Por exemplo, um dia, quando eu tinha uns seis ou sete anos, meu pai chegou em casa e minha mãe lhe pediu que batesse em mim e no meu irmão porque havíamos sido "desobedientes". Eu não me lembro do que Josh e eu fizemos nesse dia, mas sei que, fosse o que fosse, era idéia de Josh. (Sei disso porque ele era mais velho e sempre era ele quem tinha as idéias. Eu só fazia acompanhá-lo, como um bom irmão menor.) Só que o meu pai resolveu começar a surra por mim.

Lembro-me que resolvi não chorar de jeito nenhum, pois eu não queria dar ao meu pai a satisfação de haver "batido" em mim. É claro que isso só o fez surrar-me ainda mais. Quando afinal terminou, voltou-se para Josh, que começou a chorar imediatamente, embora meu pai ainda não lhe tivesse encostado um dedo.

— Por que está chorando? — perguntou-lhe meu pai. — Eu ainda nem bati em você.

Josh tinha só uns oito ou nove anos. Não sei como conseguiu se sair com essa, mas disse:

— Pra que esperar até o último minuto?

Não preciso nem dizer que meu pai riu tanto que desistiu de surrá-lo!

Embora essa história seja engraçada, lembro-me claramente de que achei que meu pai gostava mais do meu irmão do que de mim. Lembro-me também que pensei assim: "Se tenho de conviver com a minha família, é melhor ser como o meu irmão." E me esforcei bastante para fazer isso, durante o meu crescimento.

Esse é um exemplo do tipo de filme que chamo filme dos piores momentos: um filme mental ou mnemônico que só serve para nos fazer sentir mal. O problema não são os nossos erros ou as coisas ruins que nos acontecem; o problema é que temos a tendência de reprisá-los na cabeça eternamente — até esquecermos que já fizemos alguma coisa certa! Não é de admirar que não estejamos felizes a maior parte do tempo, certo? (Discuto como parar de passar esses filmes dos piores momentos no Capítulo 10.)

Os dois maiores obstáculos: o medo do sucesso e a auto-sabotagem

Provavelmente, os sintomas mais conhecidos da anorexia do sucesso são aqueles referidos como medo do sucesso e auto-sabotagem. Vamos ver esses comportamentos à luz da nossa recente compreensão do modo como o Reflexo Negativo se manifesta na vida de uma pessoa inteligente, criativa e sensível.

Há muitos anos, os psicólogos sociais e outros pesquisadores começaram a analisar o fenômeno das pessoas que têm mais medo do sucesso que do fracasso. Isso contradizia boa parte da literatura sobre o sucesso publicada ao longo do século anterior, que havia se concentrado quase que exclusivamente em ajudar as pessoas a superar o medo do fracasso. Porém, a teoria do "medo do sucesso/auto-sabotagem" aparentemente explicava o comportamento de muitas pessoas que pareciam ter tudo o que era necessário para vencer na vida, mas que não eram bem-sucedidas.

As pesquisas mostraram a existência de um medo que se produz quando as pessoas atingem um nível de sucesso mais alto do que se sentem à vontade para ter. Isso as leva a cair para um nível em que se sintam mais "à vontade" (mesmo que, no fundo, elas não estejam nem um pouco à vontade e se esforcem continuamente para melhorar sua posição). Já que se presumia que, nesses casos, a pessoa tinha medo do sucesso, o tratamento para o problema voltava-se para a superação do medo do sucesso — mostrando-lhe que o sucesso não era algo a temer.

Com a vantagem da retrospectiva, vejamos por que, embora ajude a algumas pessoas, esse tratamento não funciona para milhões de outras, e por que tanta gente ainda tem mais medo do sucesso que do fracasso.

As pessoas que sofrem de um distúrbio do sucesso são, por definição, muito inteligentes, solidárias, criativas e sensíveis às necessidades alheias. Quando começam a se privar do sucesso, elas na verdade estão sendo mais sensíveis às necessidades alheias que às suas próprias.

O anoréxico do sucesso é vítima da máxima popularmente muito difundida que diz: "Para que alguém ganhe, outro tem que perder." Os exemplos do raciocínio que divide as coisas em ganhar/perder podem ser encontrados em todas as áreas da vida humana, inclusive nos esportes de competição, na academia, nos negócios, na política e nos relacionamentos afetivos (nos quais duas ou mais pessoas muitas vezes competem pelo mesmo parceiro).

A maioria das pessoas não percebe que não só podemos ganhar sem tirar de alguém, mas que um ganho para nós também pode, por definição, ser um ganho para outros. Vejamos um exemplo.

Suponhamos que você e eu queremos construir um hotel num determinado terreno. Acontece que o terreno só permite a construção de um hotel. Nós então fazemos nossas ofertas pelo terreno. Entramos em competição pelo que aparentemente é um recurso escasso ou limitado.

Se há uma palavra que dá calafrios nos anoréxicos do sucesso é a palavra *competição*, pois ela implica para eles apenas uma coisa: alguém vai ganhar e alguém vai perder. E adivinhe qual o papel em que eles se sentem mais à vontade (seguros)?

Por que algumas pessoas se sentem mais à vontade perdendo que ganhando? Não somos programados desde cedo para ganhar? Sem dúvida, mas que dizer das pessoas que se sensibilizam diante das necessidades dos menos afortunados, do meio ambiente e das outras criaturas que existem na face da Terra (não só os seres humanos)? Essas pessoas não veriam a devastação que os seres humanos geraram na Terra e pensariam que, quando alguém ganha, significa que outro alguém tem de perder? Não seria possível que as pessoas solidárias e sensíveis concluíssem então que a vitória cobra um preço demasiado alto e que o melhor modo de vencer seria garantir sua derrota?

Não estou fazendo pilhéria nem querendo complicar as coisas. Estou apenas tentando mostrar que o Reflexo Negativo encarcera o anoréxico do sucesso numa lógica distorcida que diz: "Para ganhar, você tem de tirar de alguém, e só os maus tiram de seus semelhantes. Já que você quer vencer, você deve ser uma pessoa má. Portanto, não tem o direito de vencer. Seja como for, há quem precise do sucesso mais do que você."

Essa lógica tortuosa leva os anoréxicos do sucesso não apenas a temer ou sabotar seu próprio sucesso, mas a privar-se literalmente dele, exatamente da mesma forma que as pessoas que sofrem de distúrbios

O PROBLEMA

alimentares se privam da comida. Perder — não se decidir a vencer — torna-se então um hábito quase impossível de romper. Como disse Vince Lombardi, "Vencer é um hábito. Infelizmente, perder também".

Por exemplo, Bobby, um de meus alunos, contou-me que costumava jogar bilhar americano com o pai. Ele sabia que jogava bem melhor que o pai — e este também sabia. Bobby dava a volta à mesa até chegar à bola oito e aí, invariavelmente, errava. O pai acabava sempre ganhando, quando ambos sabiam que quem merecia a vitória era Bobby.

Logo depois que aprendeu a parar de se privar do sucesso, Bobby me telefonou.

— Adivinhe o que aconteceu, Noah! — disse ele, quase louco de alegria. — Joguei bilhar com Bud [um amigo] ontem. Eu sempre errava quando chegava à bola oito com ele também. E adivinhe! Ganhei três partidas seguidas! Afinal consegui me decidir a vencer!

— Que ótimo — disse eu. — Você gostou?

— Com certeza.

— E como é que o Bud encarou a coisa?

— Depois da terceira partida, ele disse: "Estou cansado, vamos fazer outra coisa."

Embora pareça trivial, esse incidente é um excelente exemplo das centenas de oportunidades que nos surgem a cada dia. A interação humana consiste, em grande parte, em competição — independentemente de gostarmos ou de querermos admitir isso. Quando estamos diante de uma situação em que há um elemento competitivo, ocorre um diálogo (geralmente, além do nosso nível de consciência) mais ou menos assim:

"O que acontecerá se eu ganhar (vencer essa pessoa)?"
"E se essa pessoa ficar nervosa/tiver inveja/não gostar?"
"E se ela decidir parar de gostar de mim/ de ser minha amiga?"
"O que os meus pais irão pensar?"
"Será que vão me julgar egoísta por querer o que eu quero?"
"Talvez eu deva deixar essa pessoa ganhar (de novo)."

Não estou insinuando que as pessoas sempre estejam competindo por alguma coisa quando se reúnem. Entretanto, estamos nos enganando se não admitirmos que um dos componentes mais importantes da vida na Terra é a competição. Se você duvida, basta ver um documentário da *National Geographic* sobre os animais selvagens — a competição entre humanos vai parecer bobagem.

Entretanto, podemos lembrar-nos também que a palavra *competição*, em sua raiz latina, significa "esforçar-se em conjunto". Não precisamos render-nos à crença de que, para alguém ganhar, outro tem de perder. Isso simplesmente já não é verdade, principalmente na atual época de economia global.

Muitos empresários descobrem que a melhor maneira de entrar em falência é não compartilhar informações com seus concorrentes porque, com a redução cada vez maior das margens de lucro e o aumento da conscientização dos consumidores, as antigas táticas que vigoravam no mundo dos negócios — como sempre manter segredo e acumular informações — não apenas ficavam obsoletas, mas praticamente capazes de gerar o fracasso.

Voltemos ao exemplo do terreno e do hotel. Em vez de entrarmos numa guerra de propostas de compra, talvez decidíssemos fazer aquilo que se conhece como *joint venture*: você construiria o hotel e eu, o restaurante ao lado. Ou, então, eu poderia construir o hotel e você ficaria com o serviço de traslado dos hóspedes de e para o aeroporto. Ou um centro comercial. Ou um minizoológico. Ou uma reserva natural. As possibilidades são infinitas — mas só quando vemos que um dos lugares em que um recurso pode ser mais escasso é a cabeça da gente.

Decisões, decisões

A maioria das pessoas se preocupa com as decisões. Todos queremos fazer as opções certas na vida. Mas todos já tomamos alguma decisão que, mais tarde, nos fez pensar: "Em que é que eu estava pensando quando decidi fazer isso?" Porém, o que devemos lembrar quando enfrentamos a anorexia do sucesso é que nenhuma decisão é certa de antemão. Os anoréxicos do sucesso pensam que, se tomarem uma decisão, deve ser a decisão errada. Parece que não há outra saída.

O PROBLEMA 73

Cada um de nós tem de fazer milhares e milhares de opções todos os dias. Muitas delas são prosaicas e triviais: "Coloco primeiro a meia esquerda ou direita? Aveia ou cereais? Manteiga ou margarina?" — mas muitas dessas escolhas são relativamente importantes: "Vou trabalhar ou fico em casa hoje? Saio à procura de outro emprego ou não? Que tipo de trabalho eu quero realmente fazer? Com quem eu gostaria de criar uma família?"

Imagine como seria se cada decisão que você tomasse — que roupa usar, o que comer, com quem se casar e a que tipo de trabalho se dedicar — fosse avaliada por um comitê que sempre decidisse que você está errado! Dá pra pensar o quanto seria difícil simplesmente chegar ao fim do dia?

Eu, por exemplo, sempre fui a personificação da seguinte frase: "A mente humana é uma coisa maravilhosa. Ela começa a funcionar na hora em que nascemos e jamais pára, até conhecermos alguém que nos atraia." Sempre que conhecia uma mulher que me atraísse, eu ficava tão preocupado em impressioná-la que acabava me tornando um idiota choramingão.

Aos poucos, fui percebendo que o que me incomodava era o próprio fato de pensar que tinha de impressioná-la. Como não acreditava muito em mim mesmo, eu me escondia por trás de uma máscara de fanfarronices. Essa estratégia, porém, não funcionava nem enganava ninguém.

Eu tampouco percebia que estava me sujeitando a uma auto-análise microscópica que provinha de pensamentos como: "Espero não dar nenhuma 'mancada'... Tomara que eu não cometa um erro... Aposto que agora ela está olhando para o meu nariz." É de espantar que as mulheres não se sentissem muito à vontade? Eu também não!

O que eu não entendia é que quase todo mundo fica meio sem jeito quando conhece alguém. Quando eu percebi que as mulheres estavam tão nervosas quanto eu e sujeitando-se a uma auto-análise praticamente igual à minha, relaxei. E então percebi que todo mundo está dez mil vezes mais interessado em si mesmo que em mim. As pessoas simplesmente não voltam para casa pensando em você ou em mim; elas voltam para casa pensando em si mesmas.

Assim que percebi isso, fiz uma das mais importantes mudanças no meu modo de pensar e na idéia que mais me permitiu pairar acima do

Reflexo Negativo: já que todos estão muito mais interessados em si mesmos do que em mim, o que aconteceria se eu me tornasse a única pessoa que está tão interessada neles quanto eles mesmos? Em vez de me esforçar para impressionar os outros, decidi deixar-me impressionar. Em vez de tentar ser fascinante, decidi deixar-me fascinar. Mudei o foco: em vez de ser o centro das atenções, passei a ser quem dava a atenção. Você pode adivinhar o que aconteceu. Finalmente, comecei a "fazer amigos e a impressionar as pessoas", como diz o livro, e meus amigos, afinal, passaram a me telefonar! Isso certamente não acontecia antes, pois eu estava tão envolvido no meu pequeno eu (negativo) que não havia espaço para mais ninguém.

É importante lembrar que o medo do sucesso/auto-sabotagem e todos os demais sintomas da anorexia do sucesso são efeitos, e não causas. Esses sintomas ou efeitos são provocados pela constante avalanche de mensagens de autonegação do Reflexo Negativo, que diz às pessoas que elas precisam ser perfeitas para merecerem o sucesso e que, como não estão fazendo ninguém feliz, não podem ser perfeitas — portanto, não têm direito a vencer.

Precisamos lembrar também que tratar dos efeitos (sintomas), em vez das causas, é como fazer curativo em alguém que está tendo um ataque cardíaco. Há um problema mais profundo que não pode ser resolvido só com arranjos, motivação psíquica ou pensamento positivo. O restante deste livro é dedicado à solução desse problema mais profundo e à eliminação das causas da anorexia do sucesso.

Agora que sabemos o que é a anorexia do sucesso, como podemos superá-la?

PARTE TRÊS

A Solução

8

Por que superar a anorexia do sucesso?

O título deste capítulo antes era: "Como superar a anorexia do sucesso." Então eu percebi que o título implicaria que eu estava me concentrando no "como" e cometendo o mesmo equívoco que a literatura tradicional sobre o sucesso cometeu: presumir que você já sabe o "por quê"!

Portanto, deixe-me fazer-lhe uma pergunta: por que você acha que é importante superar a anorexia do sucesso? Antes de responder, vejamos o que a anorexia do sucesso faz com as pessoas:

- A anorexia do sucesso torna as pessoas incapazes, incapacitadas ou desmotivadas para o sucesso. Há vários exemplos desse efeito ao longo do livro.
- A anorexia do sucesso torna as pessoas incapazes de gozar do sucesso mesmo que o atinjam. Lembra-se da pessoa que perdia porque não se sentia à vontade vencendo?

- A anorexia do sucesso impede que pessoas inteligentes recorram à própria inteligência, que pessoas criativas dêem vazão à sua criatividade e que pessoas sensíveis usem sua sensibilidade para ajudar, servir, ensinar e inspirar os demais, roubando-nos, portanto, a possibilidade de usufruir de seus dons tão necessários à humanidade.

- A anorexia do sucesso faz sofrer todas as pessoas que amam suas vítimas e se importam com elas. Cada um dos que sofrem desse mal tem amigos e familiares que os amam e estimam, sofrendo quando eles sofrem.

- A anorexia do sucesso leva as pessoas à dívida e à falência. O dinheiro é uma importante medida de sucesso na nossa sociedade, embora não necessariamente a mais importante. Quando alguém se priva do sucesso, esse ato de violência geralmente se manifesta sob a forma de falta de dinheiro ou conforto material.

- A anorexia do sucesso faz as pessoas voltarem sua frustração, sua raiva e seu ódio contra si mesmas, o que pode levar à automutilação, à perda dos amigos e até ao suicídio.

- A anorexia do sucesso leva as pessoas a ficar desempregadas ou em empregos muito aquém de sua inteligência ou habilitação. Como o dinheiro, o emprego e a carreira são importantes medidas de sucesso — mais uma vez, não necessariamente as mais importantes —, a anorexia do sucesso faz suas vítimas permanecerem em empregos que não usam, reconhecem ou dão vazão a seus dotes e habilidades. (Basta pensar em todas as pessoas que você conhece que poderiam estar fazendo muito mais com o talento que têm!)

- A anorexia do sucesso leva as pessoas a se perguntarem por que acordam a cada dia — ou mesmo se deveriam fazê-lo.

- A anorexia do sucesso faz as pessoas se perguntarem por que continuar a viver — e a não saberem como o conseguem.

Em resumo, a anorexia do sucesso torna a vida de suas vítimas um inferno, além de fazer sofrer seus amigos e familiares. Depois dessa análise, não está claro que é preciso que tomemos imediatamente alguma providência para superar a anorexia do sucesso?

Não. Ainda não.

Mesmo que você acredite que todas as razões acima são graves e prejudicam a vida das pessoas, há um último aspecto da anorexia do sucesso que, apesar de já ter sido mencionado indiretamente, agora será claramente afirmado:

A vida, no fundo, quer que você tenha sucesso.

Na verdade, a vida precisa desesperadamente que você vença.

Se você realmente quer superar a anorexia do sucesso e parar de se privar de tudo aquilo que merece, precisa acreditar nessa afirmação acima de todas as coisas.

O que, afinal, ela significa? Comecemos com a palavra *vida*. O que é a vida? Poetas, filósofos, teólogos e todo mundo vêm fazendo essa pergunta desde que o primeiro homem contemplou o firmamento.

A definição mais simples de vida que já encontrei diz que a vida é o meio real ou a realidade que existe no universo. Nesse sentido, a "vida" transcende a existência humana e abrange também a vida mineral, vegetal e animal que possa haver na Terra.

Agora que isso está claro, a parte seguinte da frase — "no fundo, quer" — aparentemente não faz sentido. É difícil entender como a vida pode querer alguma coisa. Muitas vezes, fomos treinados para acreditar que a vida é algo misterioso e insondável, ou então algo que pode ser dividido em seus componentes e rearrumado para caber nas idéias dos seres humanos. Entretanto, nenhuma dessas noções corresponde ao meio real ou à realidade que existe no universo (lembre-se, essa é a definição de vida que estamos usando).

A vida não é nem misteriosa ou insondável nem divisível nos componentes que os seres humanos querem que ela tenha. A vida é, muito simplesmente, duas coisas: amor e lei.

O amor, nesse sentido, é o amor perfeito e incondicional que existe entre a vida e ela mesma. Não pode haver separação entre a vida e aquilo que vive. Portanto, para a vida não há outra coisa a amar senão ela mesma. Nós, seres humanos, somos simplesmente uma forma/expressão/manifestação da própria vida (rochas, árvores e baleias são outras formas, expressões e manifestações da própria vida).

A lei é apenas o conjunto de princípios que se aplica igualmente a diferentes formas de vida, independentemente de como essa vida se expressa, se forma ou se manifesta. Um exemplo da lei é o princípio da gravidade, que é uma lei natural que afeta igualmente toda a matéria existente no universo, sem distinção de quem ou do que seja. Por mais simpático, antipático, alto, baixo, magro, gordo, velho ou jovem que você seja, se você pular de um edifício, vai cair no chão.

A chave para a vida e o viver: por que o pensamento positivo não é o bastante

A chave para a vida e o viver está em entender que a vida não pode infringir a sua própria lei. A primeira lei da vida é o amor: o amor perfeito e incondicional que a vida tem por si mesma. Uma das maneiras pelas quais ele se manifesta na nossa vida está no fato de nossos pensamentos voltarem para nós sob a forma de experiências.

"O que quer dizer isso? Venho pensando positivamente há anos e ainda não consegui o que eu quero. Como isso pode ser uma expressão de amor?", você poderia se perguntar.

Lembre-se: você e eu somos muito mais que nossos meros pensamentos conscientes. Somos um sistema complexo de pensamentos, emoções, sonhos, crenças, valores e princípios, que está sujeito à lei. Na verdade, nossos pensamentos conscientes podem representar apenas menos de 15% de todos os nossos processos de raciocínio.

Deixe-me dar-lhe um exemplo. Como eu já disse no Capítulo 4, venho estudando a literatura sobre o sucesso desde garoto. Entretanto, por mais que me aplicasse a algum curso ou programa de treinamento, aca-

A SOLUÇÃO   81

bava perdendo a autoconfiança e voltando a apresentar baixa auto-estima, pois eu não alterava os pensamentos subjacentes, que diziam: "Todos ficarão bem mais felizes se você estiver longe."

Você poderia perguntar onde está o amor nesse exemplo ou por que a vida não me deu apoio. A resposta é: a vida me deu apoio, mas não da forma que fomos treinados a esperar. Veja, depois de tanto estudar a literatura sobre o sucesso — a qual, lembre-se, na maioria das vezes se baseia no "como" —, eu me empenhei nos níveis do comportamento, da atividade e da motivação (todos eles relativos ao "como"). Por um determinado período, consegui fazer pequenos avanços na vida.

Contudo, minhas convicções subjacentes quanto ao "por que" de não poder ou não ter permissão para vencer não haviam mudado. Eu continuava acreditando que era melhor que os outros atingissem o sucesso, e não eu. Meu Reflexo Negativo também continuava me dizendo que, se eu fosse bem-sucedido, me tornaria uma pessoa mesquinha e egoísta (uma bela maneira de me motivar a permanecer longe do sucesso).

Portanto, como eu não havia alterado minhas razões subjacentes para não vencer — na verdade, eu nem sequer estava consciente delas —, eu não poderia mudar permanentemente os meus comportamentos, atitudes ou hábitos. Eu estava me esforçando no nível do "como", mas nem sequer tinha uma noção de meu "por que" ou "por que não". (Lembre-se que, quando ficamos no nível do "como", utilizamos apenas uma porção mínima daquilo que realmente nos motiva ou permite fazer alguma coisa na vida.)

Moral da história: a vida me devolvia — sob a forma de experiências — minhas convicções a respeito de mim mesmo e da minha relação com as pessoas de uma maneira perfeita. Eu achava que não devia ou não tinha permissão para ter sucesso — e, de fato, não me decidia a obtê-lo! A vida, portanto, apoiava minhas convicções íntimas e tudo aquilo que eu "sabia que estava certo", independentemente do que eu dissesse, do quanto eu quisesse ser bem-sucedido ou do que fizesse no nível dos "como".

Isso tudo não era uma confusão absoluta? Uma frustração incrível? O bastante para me deixar à beira do suicídio?

Era, sim.

Lembre-se: tentar mudar a vida apenas por meio da motivação ou do pensamento positivo é como rumar para o leste em busca de um pôr-do-sol. Seu desejo de ver o pôr-do-sol pode ser fortíssimo; você pode ser um grande motorista; seu carro pode ser o mais caro do mundo e você pode estar se aproximando com muita rapidez do seu destino. Mas você jamais verá o pôr-do-sol enquanto estiver no rumo errado.

Se estivermos evitando o sucesso inconscientemente (porque, no fundo, achamos que não podemos, devemos ou merecemos tê-lo), não importa o quanto pensemos positivo, escrevamos nossas metas no papel ou demos duro noite e dia... jamais nos decidiremos a tê-lo.

★ ★ ★

Nós raramente vemos a vida do jeito que ela é. Nossas idéias a seu respeito não podem deixar de ser moldadas e deformadas pelas crenças e experiências de nossos pais e avós, pelo que vemos na tevê e no cinema e por dezenas de outras forças, muitas vezes contraditórias e contraprodutivas. Além disso, muitos dos que tentam dizer como a vida é são chamados de místicos, xamãs, profetas, visionários, gurus — ou malucos.

Precisamos ter cuidado para não nos deixarmos levar pela imaginação quando interpretamos a vida. A vida simplesmente é. A lei simplesmente é. O amor simplesmente é. A vida é feita de lei e de amor. Realmente, é simples assim.

Eis aqui, então, a resposta à pergunta que abriu este capítulo: "Por que é importante superar a anorexia do sucesso?"

Se você não a superar, a vida estará perdendo algo muito importante: Você.

Essa consciência é ilusoriamente simples. Reflita sobre essas idéias por algum tempo. Releia este capítulo e escreva o que pensa a respeito no seu diário. Porém, se você correr demais atrás dessas idéias, elas podem escapar-lhe.

Depois de estudar a maioria dos mais importantes textos filosóficos, sacros e espirituais já escritos, o brilhante teórico Dr. Ernest Holmes criou uma doutrina chamada The Science of Mind [A Ciência da Mente]. A obra do Dr. Holmes foi o que mais influenciou a minha compreensão de como e de por que o universo funciona como funciona. Ele escreveu certa vez: "Isso que chamam vida é algo tão simples que, sempre que preciso explicá-la às pessoas, descubro que preciso torná-la mais complexa."

Agora que sabemos por que superar a anorexia do sucesso, qual o primeiro passo a dar?

9

O primeiro passo para superar a anorexia do sucesso: Apoio incondicional e espelhos amigos

Lembra-se do exercício com o espelho do banheiro e o do parque de diversões do Capítulo 5? Lembra-se como o Reflexo Negativo é, na verdade, uma imagem distorcida do Verdadeiro Eu? Sabendo o que agora você sabe sobre o Reflexo Negativo, qual você acha que seria o primeiro passo para superar a anorexia do sucesso?

Um teste da realidade

A resposta é: volte ao banheiro. Em outras palavras, você precisa — talvez pela primeira vez — ver-se como realmente é, e não como aparece no espelho do parque de diversões. É incrível e, ao mesmo tempo, desanimador, ver que tantas pessoas não fazem a menor idéia do valor que têm ou daquilo que valem, deixando de lado o emprego, o papel na família ou as realizações (prêmios, dinheiro ou elogios). Uma das grandes ironias da vida é que jamais podemos ver-nos como realmente somos, mas apenas como nos vemos refletidos nos olhos dos outros.

Isso significa que temos o dever e a responsabilidade de ser aquilo que eu chamo de **Espelhos Amigos** para as pessoas da nossa vida — e principalmente para nós mesmos. O que é um Espelho Amigo? Simplesmente alguém que o ame incondicionalmente. Alguém que lhe dê o apoio de que precisa. Alguém que o veja como você realmente é.

Essa é a primeira e única real função de um conselheiro, assistente, pai, mãe, irmão, irmã, amigo ou amiga: refletir o amor para as pessoas — mostrar a elas o seu Verdadeiro Eu, apoiando-as e amando-as incondicionalmente. Isso não é nem tão fácil nem tão difícil quanto parece. É aconselhável parar um instante para que você possa refletir sobre as seguintes questões:

1. Quantas pessoas me dão apoio incondicional na vida?
2. Quantas me amam pelo que eu sou, independentemente do que eu possa fazer?
3. Quantas já viram por trás da minha máscara, captando toda a beleza e o esplendor que existem dentro de mim?

Se você for como todas as pessoas que conheço, esse número não é nada grande. Se você tem muita sorte, conhecerá mais de uma pessoa que preenche esses requisitos. Nossa missão aqui na Terra é aprender, crescer e contribuir para a vida de alguma maneira — dando expressão aos nossos dons, talentos e habilidades. Parte do aprendizado consiste nos erros. Você já ouviu isto antes. E é verdade: ninguém é perfeito.

Só que os anoréxicos do sucesso, devido à sua natureza hipersensível, aprenderam e acreditam numa contradição completamente falsa e totalmente debilitante: que precisam ser perfeitos para merecer a felicidade ou o sucesso. Como não são perfeitos — ou sequer "bons o bastante" —, eles não devem, não podem ou não têm permissão para vencer.

É por isso que o seu comportamento é chamado de perfeccionista e controlador — e é por isso também que eles muitas vezes rendem mais do que o esperado e são extremamente motivados. Na verdade, não estão tentando ser perfeitos, pois no fundo acreditam que *têm* de ser perfeitos.

Eles não são motivados por um desejo de se aperfeiçoar ou melhorar sua condição na vida (um desejo natural a qualquer ser humano). Em vez disso, eles são motivados pela necessidade de provar ao valentão do Reflexo Negativo que, na verdade, têm valor — o que significa provar-lhe que são perfeitos. O problema é que, por mais prêmios, troféus ou resultados perfeitos que obtenham, seu Reflexo Negativo nem sequer chega perto de se satisfazer.

Deixe-me fornecer-lhe um exemplo. Uma vez participei de um programa de prêmios na televisão. O programa era assim: havia um pictograma formado por quadros que iam sendo descobertos um por um. Para ganhar, os participantes tinham de acertar quais os prêmios que havia sob os quadros. Quem acertasse todos os quadros de dois pictogramas seguidos, ganhava o direito de concorrer a um carro zero quilômetro.

Assisti ao programa diariamente durante os seis meses anteriores à minha participação. No fim, eu já conhecia perfeitamente todos os pictogramas. E repetia para mim mesmo: "Eu só quero ganhar uma viagem para o Havaí ou a Austrália."

Fiz um teste para o programa assim que cheguei a Los Angeles e, de fato, acertei todos os pictogramas e passei no teste de personalidade (o que provava que eu tinha uma personalidade). Quando fui ao ar, consegui acertar todos os quadros — o que me permitia ganhar o prêmio que quisesse. Sabe qual a viagem que eles estavam oferecendo? Isso mesmo: uma viagem ao Havaí. E sabe o que aconteceu? Eu ganhei!

Você naturalmente acha que eu entrei em êxtase, certo? Pois tente adivinhar mais uma vez.

Depois de ganhar a viagem ao Havaí, eu acertei a outra prova, que me dava direito a tentar ganhar o carro zero. Depois dessa, teria de fazer uma corrida contra o tempo, onde eu precisaria acertar, em menos de um minuto, os sete diferentes tipos de carros que havia dentro de umas caixas. (Essa prova é meio difícil de explicar por escrito.) Eu já tinha pensado numa estratégia: iria abrir as caixas numa determinada ordem, que já vinha praticando havia meses.

E então lá estava eu, no meu programa de prêmios favorito, no programa de que eu tanto havia desejado participar. As coisas correram exatamente como eu havia planejado. Eu tinha acabado de ganhar uma viagem ao Havaí. Estava diante de um carro tinindo de novo, cheio de modelos refesteladas em cima dele. Num dos intervalos, um dos assistentes da produção do programa me disse: "Você vai ganhar um carro." Eu estava radiante. Voltamos ao ar. O cronômetro foi acionado. Eu tinha 45 segundos para acertar os sete carros. Já!

Usei a estratégia que havia praticado durante meses a fio e, depois de 35 segundos, só havia acertado... um carro. Havia estragado tudo e eu sabia tudo perfeitamente.

Por incrível que pareça, acertei cinco dos seis carros que faltavam nos dez segundos seguintes. Só que não consegui acertar o último e, infelizmente, não ganhei o carro zero. Na prova seguinte, eu concorria contra uma mulher que havia conhecido nos bastidores. Eu me sentia o máximo, pensava com meus botões que era certo que poderia derrotá-la. Entretanto, também sentia uma coisa estranha lá dentro, uma impressão de que não ganharia. E essa impressão estava certa. Ela ganhou de mim disparado... e acabou ganhando um caminhão zero quilômetro!

Cheguei em casa exausto, derrotado — sentia-me péssimo. Telefonei para meus pais, pois queria surpreendê-los com a notícia de haver ganho um prêmio num dos meus programas favoritos. Contei-lhes que havia acabado de ganhar uma viagem ao Havaí. Estava radiante? Estava excitado?

Não. Eu estava arrasado — e tudo porque não havia ganho o carro zero. Eu sentia como se tivesse fracassado.

Não importava que eu tivesse acabado de participar do meu programa favorito, que todos os meses de estudo e aplicação finalmente tivessem rendido seu fruto. Não importava que eu tivesse ganho uma viagem ao Havaí — literalmente, a viagem dos meus sonhos — e que voasse para lá de graça e ainda com 350 dólares no bolso para gastar no que quisesse. Não importava que tivesse acabado de conhecer Alex Trebek, o apresentador, e fosse ao ar em cadeia nacional. Não, eu estava arrasado porque só conseguia pensar no que *não* havia feito, em onde havia falhado e fracassado. E tudo porque eu não havia ganho um carro novo (um carro cujos impostos eu, naquela época, não teria conseguido pagar, de qualquer forma).

Incrível o que o Reflexo Negativo consegue fazer com a gente, não é?

Como em qualquer outra coisa na vida, temos de começar pelo começo.

Em nossa cultura, muitas pessoas foram criadas em ambientes em que o amor só é dado sob muitas condições. Isto é, se você fez determinadas coisas, se se comportou e se conformou, se agiu como seus pais e os mais velhos queriam, você teve "amor". Porém se, por alguma razão, as pessoas não fazem isso, a maioria dos pais recusa o seu amor, punindo os filhos e estabelecendo um "corretivo" para os comportamentos indesejados.

Todos os seres humanos precisam ser amados incondicionalmente para dar o melhor de si e acreditar em si mesmos. Quando as crianças — principalmente as hipersensíveis — sentem que o amor só lhes é dado condicionalmente, elas acabam acreditando que só o merecem (isto é, são boas o bastante ou dignas de serem amadas) quando se comportam e se conformam.

O que realmente significa o amor condicional? Em que ele difere do amor incondicional — e por que este é a chave para superar a anorexia do sucesso? Comecemos citando aquilo com que o amor condicional se parece. Ele é mais ou menos assim: "Se você agir como eu espero, se fizer o que eu quero e se se comportar como deve, então eu o amarei." Isso lhe parece familiar?

Se o amor condicional é assim, é fácil ver que o amor incondicional é simplesmente o oposto. Ele é mais ou menos assim: "Eu o amo independentemente do que você fizer ou do que você for. Não importa se você age como deve, tira excelentes notas ou faz o que eu espero ou não, eu o amarei de qualquer forma."

Você pode estar pensando: "Espere aí, Noah. Isso não é ser tolerante demais? Você quer dizer que nós devemos simplesmente deixar todo mundo fazer o que quer?"

A SOLUÇÃO

De jeito nenhum. Não quero dizer que devemos ser tolerantes, nem que simplesmente devemos deixar todo mundo fazer o que quer. Deixe-me dar-lhe um exemplo. Há pouco tempo, obtive o diploma de bacharel em letras numa das mais prestigiosas universidades nacionais. (Essa foi a minha segunda vez na universidade, após dez anos no mundo dos negócios, o que me deu a vantagem de ser dez anos mais velho que a maioria de meus colegas!)

Enquanto freqüentei o curso, observei algo fascinante (e bem desconcertante) em relação a muitos dos meus colegas. Eles foram criados pelos "filhos dos anos sessenta", o que implica que seus pais se haviam tornado adultos numa época de desafio e rebelião, quando muitas regras de conformidade e comportamento social foram lançadas por terra.

Observei que muitos de meus colegas pareciam ter sido criados num ambiente cuja filosofia poderia resumir-se em "qualquer coisa". Quer dizer, "qualquer coisa que você faça está bem para mim".

Bem, isso pode parecer ótimo à primeira vista; afinal de contas, qual o filho que gosta de ser castigado ou de viver conforme regras? Só que há um problema com esse modo de pensar: quando as crianças são criadas sem limites nem diretrizes, quando aprendem que qualquer coisa que façam está bem, aprendem que seus atos não têm conseqüências. Isso quer dizer que essas crianças se tornam adultos que acham que "nada tem problema", que podem fazer tudo o que quiserem.

Vamos levar essa idéia até o seu fim lógico. Se eu tivesse sido criado assim, acreditaria em algo como: se eu quiser alguma coisa de alguém, é só entrar na casa dessa pessoa e pegar o que eu quero, certo? E se eu quiser vender drogas? Sem problemas, certo? E se eu quiser ferir ou matar pessoas inocentes?

Está vendo qual é o problema? Mesmo que não gostemos de tudo na sociedade em que vivemos, a sociedade tem uma razão de existir. A sociedade humana evoluiu para que os seres humanos pudessem existir, tanto individualmente quanto em grupo. Podemos achar que a "sociedade" nos faz exigências injustas, e talvez seja verdade. No entanto, isso não muda o fato de que, sem o que chamamos de "sociedade", a grande maioria das pessoas seria incapaz de sobreviver por muito tempo.

A questão é que os nossos atos têm conseqüências, mesmo que não saibamos quais as conseqüências daquilo que fizemos hoje por semanas, meses ou mesmo anos ou décadas. (A palavra "conseqüência" significa literalmente "acompanhar de perto".)

Portanto, quando falarmos de amor incondicional, é importante saber também daquilo que não estamos falando. Não estamos falando em deixar as pessoas fazerem o que lhes dá na telha! Não estamos falando em permissividade. Não estamos falando em deixar todo mundo pisar em nós nem dizer o que bem queira. Estamos falando justamente do contrário disso.

Observe mais uma vez aquilo que o amor incondicional é. Ele diz: "Vou amá-lo independentemente de qualquer coisa." Ele NÃO diz: "Qualquer coisa que você faça está bem." Diga-me uma coisa: estaria tudo bem para você se o seu filho roubasse algo de um vizinho? Estaria tudo bem para você se o seu chefe ou o seu empregado aplicasse um golpe na sua empresa? Estaria tudo bem para você se os seus clientes ou fornecedores o roubassem? Claro que não.

Se nada disso está bem, então o que está? Por onde começamos? Mais uma vez, temos de começar do começo. Há uma grande diferença entre dizer "Vou amá-lo independentemente de qualquer coisa" e "Qualquer coisa que você faça está bem" (isto é, você pode fazer o que quiser que os seus atos não terão nenhuma conseqüência). Está vendo a diferença?

As pessoas que cresceram com a mensagem "Qualquer coisa que você faça está bem", na verdade têm muitos problemas, pois isso está completamente errado e não tem nada que ver com a forma como a vida realmente transcorre. As pessoas que agem assim costumam ser excluídas da sociedade e não sabem por quê.

Entretanto, você vê como as pessoas que recebem dos pais e dos mais velhos a outra mensagem — "Vou amá-lo independentemente de qualquer coisa" — acabam ganhando aquela força que remove montanhas?

Tiger Woods é um bom exemplo disso. Quando participou de seu primeiro torneio de golfe — uma competição internacional para jovens golfistas —, havia muita tensão no ar. Os rapazes queriam sair-se bem para impressionar os pais e a multidão de espectadores. Quando o torneio ia começar, o pai de Tiger lhe disse: "Filho, quero que você saiba que eu o amo independentemente do que você faça. Divirta-se."

Tiger começou com uma excelente tacada e prosseguiu assim até ganhar o torneio. No fim, o pai lhe perguntou em que estava pensando enquanto olhava para a bola antes de dar a primeira tacada. Ele olhou para o pai e respondeu: "No lugar aonde eu queria mandar a bola, papai."[3]

Quantos dos outros garotos você acha que puderam se concentrar no lugar aonde queriam mandar a bola? Provavelmente estavam pensando em "Espero não estragar tudo", "Tomara que consiga acertar", "E se eu cometer algum erro?" Quando o pai lhe disse que o amaria independentemente do resultado, deu a Tiger a chance de não se preocupar se iria perder o amor do pai caso perdesse o torneio. Por conseguinte, ele teve a liberdade de dar o melhor de si — e vencer.

Quantos outros rapazes e moças (ou homens e mulheres) não dariam a vida para ouvir seus pais e mães lhes dizerem as mesmas palavras que Tiger ouviu do pai?

Está vendo por que o amor incondicional é tão importante na eliminação da anorexia do sucesso? Vê também que a falta dele é o fator primordial para que alguém se torne vítima da anorexia do sucesso?

Você pode estar pensando: "Mas, Noah, se eu nunca tive apoio nem amor incondicional, como vou poder reconhecê-los? Como vou saber quando e se não estou contando com eles? Como posso obtê-los ou encontrar quem me apóie e ame incondicionalmente?" Eu estou feliz por você perguntar.

Conta-se uma história sobre um homem que perguntou a Michelângelo como ele havia criado Davi, a escultura que é a sua obra-prima. Michelângelo respondeu: "Comecei com um bloco de mármore e retirei dele tudo que não era Davi." Essa é a melhor descrição que já vi de como reconhecer e aceitar o amor incondicional na vida.

Para podermos reconhecer e criar um ambiente de apoio e amor incondicional em nossas vidas, precisamos primeiro identificar o que o amor

---

3. *Sports Illustrated, Tiger Woods: The Making of a Champion*, Bishop Books, Nova York, 1996, pp. 37-8.

incondicional não é. Em outras palavras, se não tivemos muitas oportunidades de conhecê-lo, precisamos simplesmente começar de onde estamos e dar os primeiros passos na direção em que queremos ir.

Vamos dar juntos os primeiros passos. Por favor, pegue o seu Diário da Decisão para o Sucesso agora mesmo e complete as seguintes orações. Não pense; não elabore. Não verifique a ortografia. Simplesmente complete as orações. Estarei à sua espera quando você terminar.

1. Na minha família, o amor era...
2. Quando eu era jovem, o amor era...
3. O amor para mim é...
4. Ensinaram-me que o amor é...
5. O amor que me deram era...
6. Eu recebia amor quando...
7. Eu não recebia amor quando...
8. Eu era castigado quando...
9. Eu precisava ser amado quando...
10. Eu gostaria de ter sido amado quando...
11. Eu precisava do apoio de meus pais quando...
12. Eu preciso do apoio das pessoas para...
13. Quando sinto o amor, eu...
14. Quando sou apoiado, eu posso...
15. Quando sinto que o amor está condicionado ao meu desempenho, eu...

(Eu estava falando sério quando lhe pedi que completasse essas orações no seu Diário da Decisão para o Sucesso. Se você apenas ler as orações sem completá-las, vai perder inteiramente os benefícios deste exercício. Complete essas orações. Depois você vai me agradecer por insistir.)

Eu sei que não é fácil pensar sobre algumas dessas questões. Isso porque a maioria das pessoas tende a minimizar as coisas que aconteceram com elas. Costumamos dizer-nos coisas como: "Isso não me afetou tanto assim" ou "Não foi nada". Paradoxalmente, também tendemos a ver as coisas fora de proporção quando dizemos a nós mesmos: "Nunca mais vou deixar alguém se aproximar tanto de mim", "Fui tão magoado que jamais confiarei em ninguém outra vez", "Ninguém jamais poderia me amar", e coisas do gênero.

Realmente, às vezes é doloroso analisar como fomos amados condicionalmente; como tínhamos de nos comportar e de nos conformar para ser amados. Eu não nego isso. É por essa razão que muita gente nunca examina a própria infância — e, em alguns casos, nunca supera as experiências vividas nessa época.

Muito bem. Passamos por essa parte. O que sabemos agora? Dê uma olhada na sua lista. O que ela lhe diz? Há algum padrão que se repete? O que se esperava de você? Quando é que você teve o apoio e o amor de que precisava? O que você observa em relação a essas coisas hoje em dia?

Eu, por exemplo, notei desde muito jovem que minha mãe não se sentia emocionalmente apoiada pelo meu pai. Não sei explicar como eu sabia isso; eu simplesmente "sabia", baseado nas informações emocionais e psíquicas que recebia naquela época. Meu pai não havia sido treinado, nem tinha a capacidade de dar o tipo de apoio emocional que minha mãe, como uma mulher moderna, precisava e desejava. Naturalmente, como eu queria que minha mãe fosse feliz, eu procurei preencher o vazio deixado pelas longas ausências a que o trabalho obrigava meu pai, tornando-me assim o sistema de apoio emocional de minha mãe. Desse modo, sentia-me querido e necessário quando dava apoio emocional à minha mãe, satisfazendo suas necessidades em detrimento das minhas.

Você pode imaginar que esse hábito continuou à medida que eu crescia, pois me acostumei a colocar as necessidades emocionais, físicas e psíquicas de minhas companheiras antes das minhas. Um psicólogo diria que isso é um exemplo de como um "sistema familiar desestruturado" afeta a vida futura das pessoas. Embora eu não possa dar nenhum contra-argumento, a questão é: quantas famílias bem estruturadas você conhece? Sinceramente, ainda estou por conhecer alguém que chegue a um dos meus seminários e diga: "Sabe de uma coisa, Noah? Meus pais eram perfeitos e sempre faziam tudo certo!"

O fato é que eu consegui analisar o que acontecia na minha família e dizer: "Rapaz, realmente era muito injusto meus pais e minha família exigirem essas coisas de mim. Por que eles não me amavam por quem eu era simplesmente?" É verdade: não era justo. Porém, também é verdade que a vida às vezes não é justa. E não só isso: também é verdade que os meus pais fizeram o melhor que puderam com os poucos recursos e os limitados conhecimentos de que dispunham (como todos nós). Portanto, a questão passa a ser: meus pais foram criados num ambiente de apoio e amor incondicionais?

Obviamente, nenhum deles o foi. No caso de meus pais, o ambiente em que cresceram era bem mais rígido e severo do que aquele em que eu fui criado. É óbvio que as pessoas não podem demonstrar algo que não sabem como fazer. Meus pais não podiam "privar-me" de uma coisa que eles, antes de mais nada, nem sequer tiveram.

Dizer que "eles fizeram o melhor que podiam" parece um lugar-comum. Porém esse foi justamente o caso. Portanto, eu poderia pegar essa informação e dizer: "Que se pode fazer? As coisas são assim. Já que meus pais não me amaram incondicionalmente, acho que isso implica que ninguém jamais me apoiará ou amará incondicionalmente. Terei simplesmente que passar o resto da vida sem isso."

Está brincando? Não vou me resignar com uma coisa dessas DE JEITO NENHUM! E você também não deve fazê-lo.

Vamos reformular a questão: seus pais são as únicas pessoas no mundo que podem amá-lo? Sua mulher, seu marido ou seus filhos são as únicas pessoas que podem dar-lhe amor e apoio? Se você acha que sim, então isso se torna verdade. Porém eu discordo desse pressuposto porque simplesmente não é verdade que nossos familiares sejam as únicas pessoas que podem apoiar-nos e amar-nos incondicionalmente. Na verdade, é bem evidente que eles muitas vezes são as pessoas que mais têm dificuldade em apoiar-nos e amar-nos incondicionalmente!

Antes de prosseguir, vamos estabelecer logo uma coisa: ninguém vai apoiá-lo e amá-lo incondicionalmente da forma que você quer, perfeitamente, todas as vezes. Esperar que alguém, seja lá quem for, por mais que nos ame, possa nos apoiar todas as vezes que precisamos, dizer exatamente aquilo que precisamos ou queremos ouvir, todas as vezes — em resumo, que possa amar-nos perfeita e incondicionalmente — é querer o impossível, a desilusão e a decepção.

Esperar que os outros nos amem exatamente como queremos, todas as vezes, é tão ridículo quanto esperarem de nós um determinado comportamento, exatamente como eles desejam, todas as vezes. É incrível, mas no momento em que deixamos de pensar que as pessoas precisam mudar para sermos felizes, ficamos mais felizes, pois então começamos a aceitar a realidade e a parar de tentar controlar o que não é controlável.

Diga-me uma coisa: você já tentou fazer alguém mudar exigindo-lhe que mudasse? E conseguiu? A dolorosa experiência nos mostra que não podemos convencer ninguém a mudar *exigindo-lhe* que mude para atender às nossas necessidades ou desejos! Se os seres humanos mudam, é só por uma razão: porque isso atende às *suas próprias* necessidades.

Sendo assim, o segredo para aceitar o apoio incondicional e cercar-se de Espelhos Amigos — pessoas que lhe devolvem um reflexo fiel daquilo que você é (isto é, pessoas que conseguem ver o seu Verdadeiro Eu) — é tornar-se um Espelho Amigo, não só para os outros como para você mesmo. Isso significa que você deve consultar o seu próprio coração para completar as seguintes orações:

1. Para mim, amor incondicional é...
2. Quando alguém me dá apoio incondicional, isso quer dizer que...
3. Quando alguém me ama incondicionalmente, eu...
4. Se alguém agisse exatamente da forma que eu quero,...
5. Então eu talvez pudesse...
6. Então eu teria coragem para...
7. Se fizesse isso, eu...
8. As pessoas que me dão apoio na vida são...
9. Se eu tivesse alguém que me desse apoio incondicional, eu...
10. Essa pessoa me ajudaria a...
11. E então eu aprenderia a...
12. Eu posso fazer isso porque...
13. Posso permitir isso porque...
14. Posso deixar que isso aconteça porque...

Por mais que eu fale, nunca vou conseguir enfatizar suficientemente a importância de você fazer os dois exercícios deste capítulo. Releia-o, se for preciso. Por favor, pelo seu próprio bem e pelo bem de todos aqueles que se importam com você, descubra o que você realmente pensa a respeito das afirmações dessa auto-análise. Elas têm uma importância vital.

Lembre-se que o papel do conselheiro, do terapeuta, do parceiro, do pai, da mãe, do irmão, da irmã, do amigo e da amiga é ser um Espelho Amigo. Um verdadeiro espelho não tira nem põe nada naquilo que ele reflete. As pessoas têm suas opiniões e a maioria adorará a oportunidade de externá-las, mesmo que você não as peça. Porém, o fato de alguém lhe dar sua opinião não quer dizer que você tenha de fazer alguma coisa.

Quando começamos a aceitar que somos o nosso Verdadeiro Eu e não o nosso Reflexo Negativo, algo incrível acontece. As pessoas à nossa volta mudam como se num passe de mágica. Coisas que você antes julgava aceitáveis, como ter por perto gente desagradável e sem consideração, deixam de sê-lo. O que antes era impensável — ter na vida gente que lhe dê apoio e amor incondicional — passa a ser a regra.

Procure sempre lembrar-se de Quem Você É Realmente. Nós, os seres humanos, nunca conseguimos ver-nos como realmente somos nem compreender inteiramente o nosso verdadeiro valor na vida, exceto quando vemos o nosso reflexo nos olhos dos outros. Quando nos cercamos de Espelhos Amigos, o mundo se torna um reflexo do nosso verdadeiro eu e vemos algo que é bonito de ver.

Qual é o segundo passo para superar a anorexia do sucesso?

10

O segundo passo: Disponha-se a conseguir aquilo que você quer

Este passo tem relação com a razão por que as pessoas que sofrem de anorexia do sucesso não conseguem decidir-se pelo sucesso: elas literalmente não estão dispostas a vencer devido ao domínio temporário do Reflexo Negativo sobre o seu Verdadeiro Eu. O Reflexo Negativo conta às suas vítimas mentiras como: "Todos seriam bem mais felizes se você estivesse longe", "Você é tão egoísta", "A única coisa em que consegue pensar é em você mesmo" etc. Quando acreditamos nessas mensagens, é praticamente impossível nos dispormos para o sucesso, quanto mais gozarmos dos frutos do nosso trabalho.

Imagine que houvesse alguém olhando por cima do seu ombro a cada instante, analisando, criticando, menosprezando cada atitude sua. Imagine que essa pessoa o censurasse por cada coisa que você fizesse e o chamasse de "egoísta" e "concentrado em si mesmo" se você tomasse alguma medida para conseguir o que quer. Você não faria o que fosse preciso para que essa pessoa parasse de criticá-lo?

É exatamente isso que os anoréxicos do sucesso fazem. Eles tentam inconscientemente calar ou apaziguar o Reflexo Negativo fazendo tudo para jamais vencer, achando que isso porá um fim à sua interminável avalanche de críticas. Naturalmente, isso pode funcionar por algum tempo, mas representa um preço altíssimo para as vítimas.

A verdadeira razão para as pessoas se privarem do sucesso, da comida, do dinheiro ou de qualquer outra coisa na vida é porque acreditam que, fazendo isso, irão calar ou apaziguar o Reflexo Negativo. Elas acreditam nele quando ele lhes diz coisas como: "Como você pode ser tão egoísta? Não sabe que há crianças morrendo de fome na África?"

Devido ao seu temperamento solidário e sensível, os anoréxicos do sucesso querem sinceramente ajudar as crianças africanas que estão morrendo de fome. Eles acham que, caso se empenhem mais, conseguirão de fato salvar o mundo, não percebendo que isso não é nem possível nem necessário. Uma pessoa sozinha não conseguirá salvar o mundo. O Reflexo Negativo procura fazer com que suas vítimas não percebam o quanto sofrem, mantendo-as isoladas num mundo de subjetividade e intensa auto-análise.

Por conseguinte, para reverter isso, você precisa cultivar sua disposição para o sucesso. Façamos uma comparação: as vítimas dos distúrbios alimentares não precisam aprender a comer. Elas sabem perfeitamente que, para isso, basta pegar a comida com o garfo, colocá-la na boca, mastigá-la e engoli-la.

Da mesma forma, as pessoas que sofrem de um distúrbio do sucesso sabem como vencer. Elas já ouviram todas as fitas, participaram de todos os seminários e leram todos os livros. Elas estão se afogando num mar de informações sobre como chegar ao sucesso. Entretanto, não têm condições de aplicá-las, pois nunca lhes disseram por que não estão vencendo nem que elas devem tomar a decisão de vencer.

Esse comportamento é inteiramente semelhante ao das pessoas que sofrem de distúrbios alimentares. Estas vivem cercadas de comida e de livros de receitas, mas não se decidem a comer. Os anoréxicos muitas vezes "raspam" um prato quase vazio ou comem apenas sobras. Alguns, inclusive, só comem o que encontram em lixeiras ou nos pratos dos cães.

Embora tudo isso seja muito perturbador, é preciso lembrar que as pessoas agem assim porque acreditam naquilo que o Reflexo Negativo lhes diz — que elas só merecem migalhas, sobras ou lixo. As vítimas não têm outra opção, a não ser ouvir essa voz, pois não dispõem de outros dados que refutem o que ela diz (em outras palavras, não dispõem de ninguém na vida que lhes diga que merecem mais que migalhas).

É incrível o número de pessoas que acham que não merecem senão migalhas.

Quando descobri a anorexia do sucesso, percebi que "comer as migalhas do sucesso" representa uma analogia perfeita com o que suas vítimas fazem a si mesmas. Elas se cercam de livros de auto-ajuda e de desenvolvimento pessoal, mas não conseguem ou não se dispõem a usá-los para criar de fato uma vida melhor. Prosseguindo com a analogia, elas só se decidem a receber as migalhas e as sobras (ou até mesmo o lixo) do sucesso.

É difícil descrever o sofrimento das vítimas dos distúrbios do sucesso quando sabem como vencer e, no entanto, mostram-se incapazes de fazê-lo. A situação é ainda mais dolorosa quando percebemos que esse mal nunca foi identificado na literatura tradicional sobre o sucesso. Além de fazer as pessoas se sentirem umas perdedoras, isso as leva a pensar que são as únicas no mundo a ter essa sensação.

Quando identifiquei essa característica do distúrbio, percebi que os anoréxicos do sucesso não precisam de mais informações acerca de como conseguir o que desejam, pois os que lutam contra esse mal já sabem como conseguir o que desejam (do mesmo modo que um anoréxico já sabe como comer). Eu percebi que o segredo está em *se dispor* a conseguir o que se deseja.

Isso é quase ridículo: como é que alguém não estaria disposto a conseguir o que deseja? Conforme já repeti várias vezes neste livro, não tem lógica não estar disposto a conseguir aquilo que você deseja — mas precisamos lembrar que estamos falando de seres humanos, e não de criaturas que sempre agem com lógica.

Veja este exemplo: eu cresci numa família de classe média-baixa, em cuja mesa — embora fizéssemos as três refeições — nem sempre se tinha certeza de que haveria comida. O dinheiro era escasso, mesmo que meu pai trabalhasse entre oitenta e cem horas por semana.

Meus pais tinham uns amigos que eram proprietários de uma loja de brinquedos. Eu costumava ir até lá e ficava "namorando" um fantoche que parecia um guaxinim. Ele era macio e peludo e, quando o tocava, eu pensava em quanto seria feliz se possuísse esse brinquedo. Então olhava para a etiqueta de preço: cinqüenta dólares. Lembro-me de que eu pensava que esse dinheiro era muito mais do que meus pais jamais poderiam gastar comigo. E, com um suspiro, recolocava o fantoche na prateleira.

Naquele ano, um pouco antes do Natal, meu pai me disse que Papai Noel era um personagem de ficção. (Rapaz, como eu chorei quando ouvi isso — imediatamente pensei: "*Perdi a minha última chance!*") Na manhã de Natal, saí do meu quarto com o coração pesado. Mas o que encontrei numa das caixas de presentes? Eu segurava o fantoche sem acreditar no que via. Meus pais haviam encontrado um jeito de comprá-lo para mim!

É de imaginar que eu tenha ficado louco de emoção, entrado em êxtase ou, pelo menos, tenha ficado alegre. Mas não, nada disso. O que eu sentia não era alegria, e sim culpa, tristeza e arrependimento — porque eu sabia que não era um presente de Papai Noel, mas dos meus pais, que (eu achava) não deviam estar gastando seu dinheiro comigo.

Eu não estou de forma alguma culpando os meus pais pelo que senti naquele dia. A moral dessa história é demonstrar que, se a sua experiência lhe diz que conseguir o que você deseja (nesse caso, um fantoche) lhe traz sofrimento (sob a forma de tristeza e sentimento de culpa), você acha que terá motivação para obtê-lo? Claro que não. Vimos que o desejo primordial do ser humano é evitar o sofrimento. Por conseguinte, o segundo passo para superar a anorexia do sucesso é dispor-se realmente a obter aquilo que você deseja e aprender que isso não tem de fazer alguém sofrer, nem você nem ninguém.

Eu quero que você reflita um momento sobre a diferença entre querer o que você quer e realmente conseguir o que você quer. Sejamos sinceros. Na verdade, não é mais fácil querer do que conseguir o que deseja? A maioria das pessoas diz que quer ganhar na loteria, quer se divertir mais, quer passar mais tempo com a família. No entanto, quantas realmente tomam alguma providência para que essas coisas aconteçam?

A maioria das pessoas prefere queixar-se do que está errado em sua vida do que fazer alguma coisa para mudar a situação. Isso é porque a mudança é o que os seres humanos mais temem. Na verdade, a mudança é, literalmente, a única coisa que podemos temer. (Veja o Capítulo 16.) Paradoxalmente, a única coisa que os seres humanos podem desejar é também a mudança, pois querer algo implica a alteração da situação em que essa coisa está ausente. Por exemplo: digamos que você queira ter mais dinheiro, um carro novo, uma casa melhor, boas roupas, mais saúde, relacionamentos melhores. Tudo isso é exemplo de quê? DE MUDANÇA.

Portanto, perceba que *o que você teme e o que você deseja são exatamente a mesma coisa*. É muito natural que você tenha receio da perspectiva de conseguir de fato aquilo que deseja. A única coisa que precisa — se realmente quiser conseguir o que deseja (em vez de apenas desejar) — é dispor-se a consegui-lo.

Eis aqui os três passos que você precisa dar para tornar-se disposto a realmente conseguir o que deseja.

1. Descubra quais são os seus verdadeiros desejos.

A palavra *desejo* vem de uma palavra latina que significa "do Senhor". Muita gente acha que seus desejos são maus ou errados. Algumas pessoas acham até que é errado ter desejos! Porém, independentemente do que pensemos, o fato é que tudo que os seres humanos fazem é motivado originalmente por algum tipo de desejo. Lembra-se da afirmação de William James, de que somos guiados pela natureza passional e não pela lógica? E o que é a natureza passional senão desejo? Se você quiser uma fonte ainda mais antiga, há uma declaração do Rig Veda, um mito hindu da criação, que tem mais de cinco mil anos: "No início, o desejo emanou d'Ele/O desejo foi a causa primeira da mente."

Você não precisa ser como os milhões de pessoas que acham que seus desejos são maus, errados ou imorais. Tudo o que se vê na vida nasceu de um desejo. Não existe nada na Terra que não tenha nascido num desejo e de um desejo.

Todavia, para permitir que seus desejos se manifestem, é preciso primeiro descobrir em que eles consistem. Você poderá começar a fazer isso completando as orações abaixo no seu Diário da Decisão para o Sucesso:

1. O que eu adoraria fazer é _____ porque...
2. O que eu adoraria aprender é _____ porque...
3. Eu sempre quis _____ porque...
4. Eu preciso _____ porque...
5. Eu preciso conseguir_____ porque...
6. Eu quero ter _____ porque...
7. Eu adoraria ter _____ porque...
8. Eu prefiro ter _____ porque...
9. Se eu pudesse ter qualquer coisa que quisesse seria _____ porque...
10. E eu gostaria de ter isso até esta data:_____, porque...

Se você realmente gostaria de conseguir o que quer, precisa dizer ao mundo exatamente o que quer, quando quer e, o mais importante, por que quer. É por isso que a palavra "porque" está em todas as orações do exercício acima. Se você não souber as razões (os "por quês") do que quer, todos os meios (os "como") do mundo serão inúteis. Lembre-se: nossos "porque sim" e "porque não" representam 90% da nossa capacidade de conseguir (ou não) qualquer coisa na vida. Você pode tirar vantagem desse conhecimento conhecendo seus verdadeiros desejos e suas razões de ser.

Seja sincero consigo mesmo. Você não precisa compartilhar sua lista com mais ninguém. Porém, você talvez prefira revelá-la, no todo ou em parte, a algum de seus Espelhos Amigos (é por isso que essa etapa vem antes). O objetivo dessa lista é simplesmente fazer com que você perceba o que já está dentro de você. Seus desejos já estão lá; estão apenas à espera de uma chance para se manifestar. Porém, eles são como uma criança amedrontada, que por muito tempo foi espancada pelo Reflexo Negativo.

Seja paciente e gentil consigo mesmo (para variar). E então, dê o passo seguinte:

2. Analise as vantagens e desvantagens de conseguir e de não conseguir o que deseja; em outras palavras, determine quais são seus "por que sim" e seus "por que não".

Em tudo que se ganha na vida há dois lados: o lado positivo — ou as vantagens de conseguir o que você quer — e o negativo — ou as desvantagens de conseguir o que você quer. Por exemplo, a maioria das pessoas sonha em tornar-se rica e famosa. Isso se deve ao fato de assistirmos a filmes e programas de tevê em que o estilo de vida dos ricos e famosos é mostrado de uma forma que parece muito mais glamourosa e emocionante que as nossas vidinhas monótonas. Pensamos: "Rapaz, se eu tivesse isso ou fosse aquilo, aí sim eu seria feliz."

Nós nos concentramos no lado positivo porque esse é o lado mais mostrado. Raramente vemos o lado negativo da fama e da fortuna, exceto em tragédias, como a da morte da Princesa Diana. Acontece que mesmo os ricos e famosos têm problemas, enfrentam desafios e precisam levantar-se da cama pela manhã (ou em algum momento do dia), como todos nós.

É da natureza humana sempre achar que a grama do vizinho é mais verde. Não estou insinuando que você não deva querer crescer ou mudar, e nem mesmo que não deva desejar a fama ou a fortuna. O que eu estou dizendo é que é você mesmo quem determina tanto as vantagens quanto as desvantagens de conseguir e de não conseguir o que você quer.

O próximo exercício talvez seja muito diferente de todos os que você já fez na sua vida. A maioria das pessoas foi treinada para analisar por que quer conseguir o que deseja. Mas eu proponho que você analise por que está fazendo o que faz atualmente — isto é, impedindo-se de conseguir o que realmente deseja — porque eu lhe garanto que tem de haver uma razão muito boa para você estar fazendo isso.

Admitamos: existe uma razão para você estar fazendo o que faz. Você não acordou um belo dia e disse: "Hum, acho que hoje vou começar a não conseguir o que eu realmente desejo." O que aconteceu é que, com o tempo, você aprendeu que conseguir o que deseja o fazia sofrer mais do que não conseguir o que deseja. Já que somos organismos biológicos concentrados em evitar o sofrimento, é praticamente impossível que alguém se coloque de boa vontade numa situação que acha que trará ainda mais sofrimento do que o que atualmente sente. Isso explica por que, para muitos de nós, realmente é mais fácil *querer* o que quer do que de fato *conseguir* o que quer.

Para determinar os "porque sim" e os "porque não" de conseguir o que você quer (*versus* simplesmente querer o que quer), basta completar as frases abaixo. Suas respostas poderão deixá-lo surpreso ou até mesmo chocado. Complete cada afirmação, uma, duas ou até dez vezes se for preciso. Seja sincero consigo mesmo.

1. Acho que conseguir o que eu desejo me causará sofrimento porque...
2. Na infância, fui castigado por...
3. Na minha família, o sucesso significa...
4. Na minha família, as pessoas que têm dinheiro são...
5. Aprendi que a felicidade significa...
6. O preço que paguei por conseguir o que queria foi...
7. O que eu ganho privando-me do sucesso é...
8. E isso me ajuda porque...
9. Na verdade, eu não quero mudar...
10. Sinto-me seguro onde estou porque...
11. Se eu mudar, implica que terei de...
12. O que eu realmente quero fazer é...

Lembre-se: há uma razão para tudo o que fazemos e para o que não fazemos. Nada do que você faça ou deixe de fazer é imotivado. O segredo da mudança é descobrir nossas verdadeiras razões, e não o que a mente e a lógica nos dizem que precisamos ou devemos fazer.

3. Decida se quer continuar pagando o preço que paga para não conseguir o que realmente deseja.

De certa forma, este último passo é tanto o mais fácil quanto o mais difícil. É o mais fácil porque só exige de você uma decisão. Você não precisa saber exatamente o que é que deseja; você não precisa saber como conseguir isso. Estamos falando simplesmente da resposta a esta pergunta: Você está disposto a conseguir o que realmente deseja?

Ironicamente, este passo é também o mais difícil porque exige que você tome uma decisão. Só você pode decidir: você está disposto a mudar aquilo que está fazendo? Está disposto a criar novos hábitos de vida? Está disposto a fazer a si mesmo perguntas melhores para chegar aonde realmente quer chegar na vida? Se você não tiver razões suficientes, a esta altura reconhecerá que, por mais meios de atingir o sucesso que conheça, não fará o que é preciso para se decidir a conseguir o que deseja.

Lembre-se de que, nesta terceira etapa, estamos falando simplesmente da disposição de conseguir o que se deseja. Não estamos falando dos meios, dos métodos ou formas de conseguir o que se deseja. Para isso existem todos aqueles outros livros sobre o sucesso. Já ficou demonstrado que, se você não se dispuser a aplicar essas informações, por mais inteligente, talentoso ou capaz que você seja, não conseguirá atingir um sucesso real, duradouro ou satisfatório na vida.

A vida é simplesmente amor e lei. A vida não quer que você sofra, fracasse ou seja infeliz. Na verdade, a vida está mais ansiosa para lhe dar o que você quer do que você mesmo para obtê-lo!

Já que a vida é amor e lei, ela não pode nem infringir sua própria lei nem intervir nas crenças negativas que nos debilitam. Se você acha que nasceu para sofrer e ser infeliz, então, segundo a lei, essa será a sua experiência. Se você começar a aceitar como verdadeiro que a vida (leia-se também: Deus, Força Superior, Inteligência Infinita) quer que você seja feliz e, na verdade, precisa que você tenha sucesso, então, conforme a mesma lei, essa será a sua experiência.

A decisão é sua.

Segundo a lei, a vida deve refletir para nós aquilo em que de fato acreditamos. (Você pode acreditar, essa é uma notícia muito boa.) Em que você precisa acreditar para se dispor a conseguir o que realmente deseja? Eis aqui tudo em que você precisa acreditar:

1. Eu sou o bastante.
2. Eu tenho o bastante.
3. Eu já tenho tudo o que há para ter.
4. Posso receber de bom grado.
5. O universo quer que eu seja feliz.
6. Meus desejos são naturais, normais e saudáveis.
7. A vida quer que eu receba todas as dádivas que ela tem para mim e para meus semelhantes.
8. Obrigado.

Na última frase — "Obrigado" — está o segredo de toda a equação. Se até agora você não ganhou nada com este livro, se não fez nenhum dos exercícios sugeridos, faça só o que estou sugerindo a seguir e a sua vida não terá outra opção a não ser mudar:

Quando acordar de manhã, diga: "Obrigado."
Quando se olhar no espelho, diga: "Obrigado."
Quando tomar o café da manhã, diga: "Obrigado."
Quando escovar os dentes, diga: "Obrigado."
Quando ler o jornal, diga: "Obrigado."
Quando assistir ao noticiário, diga: "Obrigado."
Quando você se deitar à noite, diga: "Obrigado."

Se você fizer isso, acha que ainda vai ter condições de ficar se privando do sucesso?

Qual o terceiro passo para superar a anorexia do sucesso?

11

O terceiro passo:
Zonas sem metas

ão há nenhum tema que tenha sido mais discutido na literatura tradicional sobre o sucesso que a questão das metas. O que é uma meta? Por que as metas são tão necessárias quando se quer atingir o sucesso? E, o mais importante, como podemos parar de sabotar nossos próprios esforços para atingir nossas metas?

Comecemos com uma definição do que realmente é uma meta. Em inglês, a palavra "meta" — *goal* — vem do inglês arcaico *gol*, que significa "limite". Uma meta é "o objetivo para o qual se dirige uma tentativa ou esforço". A razão pela qual as metas são tão imprescindíveis ao sucesso é muito simples: se não soubermos para onde estamos indo (o nosso objetivo), será impossível saber se algum dia chegaremos lá.

O desafio que as pessoas que se privam do sucesso têm diante delas é que as metas que elas acham que precisam atingir muitas vezes são simplesmente impossíveis. Por exemplo, muitos de meus alunos me disseram que acreditam que salvar o mundo é função deles. Essa por acaso lhe parece uma meta sensata? Isso é o que eu gosto de chamar de meta impossível.

A questão é que, se você acreditar que é sua função salvar o mundo ou fazer todos felizes, vai acabar acreditando que nada do que faz jamais é suficientemente bom. (Veja no Capítulo 7, o item intitulado *Por que desprezamos nossas próprias realizações*.) Se você acha que tem de ser perfeito ou que precisa salvar o mundo para poder ter direito ao sucesso (ou à felicidade), fica bem claro que você jamais se decidirá pelo sucesso — pois nenhum desses objetivos pode ser atingido. Porém, por favor, observe que até mesmo a presença dessas metas é característica de uma pessoa extremamente sensível e solidária. Uma pessoa egoísta não se incomodaria em tornar o planeta mais limpo, nem em ajudar os outros, não é verdade?

Os anoréxicos, estejam eles privando-se de comida ou de sucesso, muitas vezes tentam solucionar os problemas do mundo prescindindo — isto é, privando-se — de comida ou de sucesso. Quando seus esforços se mostram inúteis (o que é inevitável, pois isso é uma meta impossível), eles obtêm mais uma prova de seu fracasso.

Por que os anoréxicos acreditam que é função deles salvar o mundo? Simplesmente porque foi isso que o seu Reflexo Negativo lhes repetiu centenas de vezes. Além disso, trata-se de uma excelente maneira de evitar o sucesso. (Se a sua meta é salvar o mundo, seria difícil definir até por onde começar.)

Muitas das metas de um anoréxico do sucesso, como salvar o mundo ou ser perfeito, são impossíveis de atingir. É preciso lembrar que elas não são necessariamente pensamentos conscientes. Não se lê um livro nem se vai a um seminário para aprender a salvar o mundo! Trata-se apenas de uma representação da escala de realizações que muitas pessoas acham que têm de satisfazer para tornar-se pessoas de valor.

Essa é também uma das brilhantes estratégias do Reflexo Negativo para impedir-nos de nos concentrar na nossa (falta de) felicidade e sucesso na vida. Quando você está pensando o tempo todo nos problemas do mundo, é fácil esquecer que não tem dinheiro para pagar o aluguel, que está sozinho o tempo todo etc. Essa é também uma estratégia boa para impedi-lo de tomar medidas para construir a vida que você realmente quer.

Observe que eu não quero pintar os anoréxicos do sucesso como se eles vivessem com a cabeça nas nuvens. A verdade é bem o oposto. Os anoréxicos do sucesso estão mais conscientes dos problemas que existem no mundo do que a maioria das pessoas. A questão é que eles estão conscientes demais e acham que esses problemas são responsabilidade deles, convencendo-se de que não merecem o sucesso a não ser que os resolvam.

Acontece que pensar que alguém pode ou deve salvar o mundo é acreditar numa inverdade. Simplesmente não há como negar isso. (Você pode acreditar, eu também mudaria o mundo, se pudesse.) Acreditar que alguém pode salvar o mundo é acreditar numa mentira que o Reflexo Negativo conta às suas vítimas — as quais, ironicamente, são justamente os membros da sociedade que têm não só a capacidade como também a vontade de contribuir para solucionar esses problemas!

Isso gera uma luta profundamente penosa dentro da vítima: "Eu sei que poderia ajudar as pessoas, se conseguisse aprender a ajudar a mim mesmo; mas como não posso fazer nada por mim, provavelmente não serei útil a mais ninguém." Essa lógica distorcida mantém a vítima isolada e o Reflexo Negativo no comando. Mais uma vez, o que é necessário é ensinar aos alunos que não existe ser humano que possa ou mesmo que deva salvar o mundo. Simplesmente, isso não é função deles e nem pode ser feito.

Uma das maneiras de conseguir isso é criando *Zonas sem Metas* na vida. Uma Zona sem Metas é um momento, um lugar ou uma circunstância em que você não faz nada; simplesmente É. Como diz o nome, uma Zona sem Metas é um momento e um lugar em que não existem metas, prazos, responsabilidades, nem nada que precise ou deva ser feito.

Qual é a sua primeira reação quando leu o parágrafo acima? Pensou: "Que ótimo!" ou "Ah, não!"? As Zonas sem Metas na verdade são uma das partes mais difíceis de atingir de tudo que vim ensinando até agora, pois estabelecê-las e mantê-las não é tão fácil quanto parece. Os anoréxicos do sucesso já fizeram mais cursos e seminários para aprender a traçar metas do que qualquer um na face da Terra. Eles sabem como traçar metas! Todavia, eles quase nunca se resolvem a gozar dos prazeres simples da vida, pois acham que só têm direito a eles quando suas metas forem atingidas.

Você precisa livrar-se dessa lógica tortuosa porque simplesmente não é verdade que só poderá descansar quando o mundo e você mesmo forem perfeitos. Se fosse assim, ninguém jamais descansaria.

É preciso que você crie um ambiente no qual esteja livre tanto das metas que traçou para si mesmo quanto das que herdou dos outros. Isso é de vital importância, pois você precisa compreender que o seu valor e a sua significação não provêm de suas realizações, de seus seguidores, dos prêmios que ganha nem do que faz pelos outros.

Os anoréxicos do sucesso muitas vezes são bem elogiados por seus feitos e realizações. Ganham prêmios, tiram as melhores notas e têm os melhores desempenhos. No entanto, interiormente, eles se sentem muito pouco satisfeitos com tudo isso, pois estão convencidos de que qualquer um poderia fazer a mesma coisa. *Pare de sonhar!* Precisamos acordar você para que veja que tudo o que fez e tudo o que é são mais que o bastante. Você NÃO precisa salvar o mundo para merecer o sucesso, a felicidade e o prazer na vida.

Veja este exemplo: eu me mudei para Los Angeles no fim da década de 80 com um objetivo em mente — tornar-me um astro do cinema. Imagine, eu não queria ser ator. Ser ator não bastava; eu tinha de ser um astro. Depois de conseguir o primeiro papel para o qual fiz um teste, estava certo de que esse era o meu destino.

Tive de esperar mais seis meses antes de conseguir o papel seguinte. E, pode ter certeza, os papéis que conseguia não eram exatamente algo que valesse a pena esperar. Depois de quatro anos de intervalos penosamente longos entre um papel e outro e de esperar em vão Steven Spielberg me telefonar, voltei para o Maine. Era inacreditável, mas Hollywood não me escancarou suas portas. Com o tempo, percebi que minha insistência em me tornar um astro do cinema me fez esquecer um pequeno detalhe: que primeiro tinha de me tornar um ator.

Já no Maine, percebi também outra coisa que jamais havia admitido em todos aqueles anos em Hollywood: eu detestava representar! Desde

os três anos de idade que eu subia em palcos (meu pai tinha uma pequena companhia de teatro, então meu irmão e eu ficávamos conversando
com o pessoal do elenco durante os intervalos dos ensaios) e a graça da
coisa simplesmente tinha ido embora. Eu estava cheio de ler as falas de
outras pessoas; queria ser eu mesmo. Entretanto, em minha busca fer-
vorosa de uma meta impossível, eu jamais havia me dedicado à arte de
representar. Claro que eu havia feito cursos de teatro — mas achava que
estava acima deles e só precisava esperar a minha grande chance. (Nossa, com uma atitude dessas, eu me pergunto por que essa chance nunca
apareceu...)

Depois de deixar Hollywood, notei algo fascinante quando assistia a
entrevistas com as pessoas que chamamos de astros do cinema. Elas raramente falam do quanto suas vidas são glamourosas. Em vez disso, falam
do seu trabalho, da sua arte, do filme ou peça em que estão atuando.
Acima de tudo, falam das pessoas com quem estão trabalhando. Observei que todas elas aparentemente têm uma coisa que eu não tinha: amor
pela profissão!

Não é difícil perceber por que não me tornei um astro do cinema. Eu
não só não fiz o que devia para isso, mas também não gostava de representar — o que não é exatamente uma receita para o sucesso.

A moral dessa história é que o sucesso não é nenhum mistério; ele
não é uma questão de sorte ou de oportunidade. O sucesso é uma decorrência da mistura entre fazer aquilo que você adora fazer, saber precisamente para onde está indo e dar os passos adequados no seu caminho
rumo ao destino.

É por isso que as Zonas sem Metas são tão necessárias. Quando não
sabemos para onde estamos indo, como saberemos que chegamos lá? E se
estivermos indo para onde não queremos? Como poderemos aproveitar a
viagem se não quisermos nem mesmo conhecer o destino?

As Zonas sem Metas deixam-no respirar. Dar uma parada. Ouvir a si
mesmo e a seus desejos mais íntimos. Fazer a si mesmo perguntas que
você normalmente não faria, como: "Para onde estou indo? O que estou
fazendo? Qual o objetivo do meu trabalho? Qual a minha razão para
estar na Terra? Estou indo na direção que realmente desejo seguir?"

Não existem respostas certas para essas perguntas. E não só isso, mas as respostas variarão com o tempo. As Zonas sem Metas lhe dão a oportunidade de analisar essas questões enquanto está plantando flores em seu jardim, caminhando por um campo, jogando golfe, lavando o carro ou assando um bolo.

Observe que todas essas coisas são atividades. E antes eu disse que uma Zona sem Metas é um momento e um lugar em que você não faz nada. Todavia, isso é verdade apenas em parte. Uma definição mais precisa de uma Zona sem Metas seria: um momento e um lugar em que você pára de buscar atingir suas metas por um determinado período.

Admitamos: para certas pessoas, relaxar é simplesmente deitar numa praia; para outras, deitar numa praia é tudo menos relaxante. Outras, ainda, preferem tocar piano, jogar cartas ou brincar com seu cão. Outros métodos de relaxamento são:

- fazer uma sesta
- assar biscoitos
- lavar o carro
- tirar folhas secas do jardim
- preencher as figuras de um livro de colorir
- pintar
- fazer amor
- andar de patins
- praticar esqui aquático
- escrever
- desmontar e remontar um computador
- pescar
- correr
- pedalar
- caminhar em meio à natureza
- ler
- dar/receber uma massagem

Você já "captou" a idéia. Esses são apenas alguns exemplos de coisas que você poderia fazer na sua Zona sem Metas. Não é preciso ficar de braços cruzados, olhando para o teto, para entrar numa Zona sem Metas.

Sherri, uma de minhas alunas, me telefonou certo dia e disse: "Noah, estou de férias e fiquei pensando no que você disse. Acabei percebendo que durante todo o tempo, desde que as férias começaram, estive correndo para cima e para baixo, sempre fazendo alguma coisa — não parei por cinco minutos! Estou aqui sentada tentando entrar numa Zona sem Metas e, cada vez que paro, penso em dez coisas que deveria estar fazendo! Aí fico me perguntando: "Por que é que Noah tinha de falar nessa porcaria de Zona sem Metas?"" A essa altura, claro, estávamos os dois morrendo de rir.

Eu não disse que era fácil estabelecer Zonas sem Metas. Somos treinados desde muito cedo a fazer, fazer, fazer; aprendemos que "pedras que rolam não criam limo", "a ociosidade é a mãe de todos os vícios", e por aí vai. Não nego que este passo exija um certo tipo de força de vontade — só que, ironicamente, é a disposição para parar de fazer tantas coisas.

As Zonas sem Metas lhe trarão benefícios sutis, apesar de extremamente profundos. Aos poucos, você aprenderá que o mundo simplesmente não deixa de girar quando você pára durante vinte ou trinta minutos a cada dia. Ironicamente, você descobrirá também que conseguirá fazer mais em menos tempo quando usa as Zonas sem Metas, pois terá condições de ouvir as mensagens que o seu subconsciente lhe envia — mensagens que se perdem na "ocupação" incessante a que tantos de nós estamos acostumados. Nosso subconsciente é capaz de nos fornecer respostas inesperadas porque funciona de modo não lógico, não linear. Porém, ele é como um amiguinho tímido — precisa sentir-se seguro para sair e vir brincar com a gente.

As pessoas muitas vezes me perguntam: "Como estabelecer Zonas sem Metas?" Na verdade há duas maneiras de fazê-lo:

1. Defina um determinado período para a sua Zona sem Metas diária.

Por exemplo, digamos que você resolva que vai entrar na sua Zona sem Metas das 9:30 às 10 horas. Avise seus familiares e amigos, se necessário. E faça-a entrar em vigor fazendo com que as pessoas que o cercam também a respeitem.

A outra maneira de fazê-lo é a seguinte:

2. Quando você perceber que está se sentindo nervoso ou cansado — ou que está querendo fazer coisas demais ao mesmo tempo —, PARE. Respire fundo. Diga em voz alta: "Atenção! Acabamos de entrar numa Zona sem Metas."

Comigo, a segunda estratégia funciona melhor. Sempre que eu começo a pensar que tenho pela frente um milhão de coisas que têm de ser feitas para ontem, eu paro, respiro fundo e digo em voz alta: "Atenção! Acabamos de entrar numa Zona sem Metas." Isso consegue me fazer PARAR. (Lembre que eu não disse que seria fácil; mas creia-me: se eu consigo fazê-lo, você também conseguirá.)

Minha atividade preferida quando entro na minha Zona sem Metas? Fazer uma sesta. Cochilar me permite criar uma Zona sem Metas por dentro. É claro que não posso lutar para fazer nada quando estou dormindo! Além disso, notei que, fazendo uma sesta de vinte minutos a cada quatro ou seis horas, posso acrescentar entre duas a quatro horas ao meu dia.

Pode ser que, no início, usar as Zonas sem Metas lhe pareça algo esquisito e até errado. Isso é normal. Se você passou a vida toda fazendo, fazendo, fazendo, vai achar estranho parar de fazer. Mas seja persistente. Depois de um tempo, você vai achar que não fazer nada em especial até que não é tão mau.

Qual o quarto passo para superar a anorexia do sucesso?

12

O quarto passo: Cirurgia de substituição de metas

Você sabe qual é o seu potencial? Já sentiu alguma vez como se não o estivesse cumprindo? Se a resposta à primeira pergunta é "não" e à segunda, "sim", você não é o único.

A palavra *potencial* provavelmente é a palavra que já provocou mais casos de anorexia do sucesso. A razão disso é que as vítimas têm plena consciência de que não estão cumprindo seu próprio potencial, seja ele qual for. É como se você tivesse um obstáculo a saltar e, cada vez que pulasse, viesse alguém e o levantasse. Quando sentimos que não estamos fazendo justiça ao nosso potencial, geralmente trabalhamos com afinco ainda maior para provar que estamos nos esforçando para cumpri-lo. Porém, se não soubermos qual é o nosso potencial, como vamos saber quando o estamos cumprindo?

Esse fenômeno é bastante comum na arena dos esportes competitivos. É triste ver quantos jogadores e atletas não conseguem nunca chegar ao máximo do seu potencial.

Vin Scully, comentarista esportivo, disse certa vez: "Talvez não haja uma palavra mais aterrorizante para um jogador ou treinador [de um time] que a palavra 'potencial'."

A questão do potencial — e o mal que a idéia pode causar — levaram-me a criar um exercício chamado **Cirurgia de Substituição de Metas**. Cunhei essa expressão quando percebi duas coisas:

1. A vítima da anorexia do sucesso precisa parar de estabelecer tantas metas (essa é a razão para as Zonas sem Metas do capítulo anterior); porém
2. É impossível alguém não ter metas.

O ser humano simplesmente não consegue deixar de desejar. Nós somos criaturas movidas a metas. Vemos ou imaginamos algo que desejamos e tomamos providências para consegui-lo. É assim que somos, é assim que funcionamos e é assim que fomos feitos.

Logo depois de descobrir a anorexia do sucesso, percebi que era imprescindível que os alunos aprendessem que o valor deles não depende de suas realizações, de seus prêmios ou de seus seguidores, salvem eles o mundo ou tornem-se astros do cinema. Entretanto, percebi também que é da natureza dos seres humanos deixar-se mover por metas. Portanto, percebi que, enquanto se recuperam, os anoréxicos do sucesso não podem ficar sem metas — porque isso, na verdade, não é possível nem realista. Eles precisariam adaptar ou mudar as metas que se julgavam obrigados a atingir para merecer o sucesso.

Em resumo, percebi que os anoréxicos do sucesso "convalescentes" teriam de substituir suas metas impossíveis por outras que tivessem mais sentido para sua felicidade, bem-estar e realização. Essa é a razão da Cirurgia de Substituição de Metas.

É incrível que tantas pessoas quase não façam idéia do que realmente desejam, ou não saibam o que as faria felizes. Essas pessoas não são de modo algum preguiçosas, incompetentes ou desprovidas de ambição. Elas simplesmente não se decidiram pelo sucesso. O que lhes falta não é inteligência nem persistência, mas decidir-se a ter sucesso.

Elas passaram a vida toda empenhadas em consertar o mundo e fazer todos felizes, enquanto negligenciavam a sua própria felicidade. Quando descobrem que fazer todos felizes é uma meta impossível e que não conseguiriam isso por mais perfeitas que fossem, o efeito é semelhante ao de um cego que vê o céu pela primeira vez.

O anoréxico do sucesso passa a vida inteira tentando algo que, por definição, é impossível: fazer todo mundo feliz. Quando descobre que isso, na verdade, é impossível, ele diz: "Quer dizer que eu *não* sou um fracasso? Que eu *não* sou um imprestável? Que eu *não* tenho de fazer todo mundo feliz para merecer o sucesso?"

Sim. É exatamente isso o que eu quero dizer. Enfatizo, mais uma vez, que eu não digo aos meus alunos, de forma alguma, o que eles deveriam fazer ou querer. Tampouco saio por aí dizendo às pessoas o que o sucesso deveria representar para elas. Não faço recomendações baseadas em minhas opiniões ou experiência quanto ao que elas devam querer ou esforçar-se para ter. Os alunos muitas vezes me perguntam: "O que você acha que devo fazer?"

Essa pergunta, na verdade, é um teste em relação ao meu grau de confiança na sua capacidade de tomar a decisão certa. É de vital importância que eu deixe claro para meus alunos que *eu* sei que *eles* sabem o que é melhor para *eles*. Digo sempre: "Bom, você sabe o que é melhor para você muito mais do que eu. O que você acha?" Ou então: "O que você quer fazer?" Ou: "O que você acha que é melhor para você?"

A princípio, nem sempre eles gostam da minha reação, pois estão acostumados a agradar a todo mundo, menos a si próprios. Muitos desses alunos me disseram depois que essas perguntas os ajudaram a crescer e a descobrir o que realmente queriam, porque era a primeira vez que alguém tinha certeza de que eles sabiam o que queriam e não lhes disse o que deviam fazer.

Eis aqui, então, os passos para a Cirurgia de Substituição de Metas. Pegue o seu diário novamente. (É isso aí, agora mesmo.)

1. Anote quais as suas metas atuais (e impossíveis). Em seguida, escreva suas reações a estes exercícios de completar:

Acho que eu preciso...

Tenho que...

Eu deveria...

Estão contando comigo para (e escreva também quem são essas pessoas)...

É imprescindível que eu...

Eu não posso...

Se eu não _____, então...

Se eu não _____, isso quer dizer que eu irei...

Se eu não _____, meus pais dirão...

Se eu não _____, então serei um fracasso porque...

2. Pare. Olhe a sua lista.

    Respire fundo e faça uma pausa. O que você acaba de escrever? Isso vem de você mesmo — ou são mensagens que vêm de fora?

3. Pergunte a si mesmo: "Isso é o que eu realmente quero ou essa meta vem de fora — de outra pessoa ou de outro lugar?"

    Escute. Depois escreva a resposta a essa pergunta, em relação a cada uma das mensagens da sua lista.

4. Se as metas que você incorporou na verdade não são suas (são de alguma outra pessoa), pergunte a si mesmo: "O que eu realmente quero fazer/saber/compartilhar?"

Volte aos exercícios sobre Apoio Incondicional, no Capítulo 9. Faça-os novamente, tendo em mente todas essas outras mensagens que você acaba de descobrir. Por que voltar a fazê-los? Porque agora você percebeu que muitas das mensagens que recebeu sobre o que deve e precisa fazer não vêm de você mesmo.

Seus sonhos, desejos e metas não são da conta de ninguém. Se você quiser contar seus sonhos e planos a alguém, lembre-se de que qualquer pessoa com quem fizer isso vai, sem dúvida, dar-lhe sua opinião, queira você ou não. Isso se aplica particularmente aos seus familiares, pois eles são as pessoas que não querem vê-lo correr riscos ou magoar-se.

Quando as pessoas lhe derem a opinião delas (e isso é algo que fazem como se fossem obrigadas por lei), sugiro que você use a técnica utilizada por Franklin Delano Roosevelt. Roosevelt foi um dos presidentes mais queridos e populares da história dos Estados Unidos. Não é por coincidência que ele era também um grande ouvinte. Ele ouvia a opinião de senadores e parlamentares de diferentes posições, com atenção embevecida. Ao fim da conversa, cada senador e cada parlamentar estava certo de que Roosevelt ficara convencido de seus pontos de vista e agiria exatamente como lhe haviam sugerido. Naturalmente, Roosevelt em seguida fazia simplesmente o que havia planejado fazer o tempo todo, independentemente do que qualquer um dissesse.

Minha experiência diz que, quando estamos lidando com pessoas, principalmente com os nossos familiares, essa estratégia é de uma eficácia a toda prova. É certeza absoluta que aqueles que mais se preocupam com o nosso bem-estar não querem jamais que nós corramos riscos. Entretanto, também é certo que, se jamais corrermos nenhum risco, jamais poderemos criar algo de valor duradouro.

Você verá que é mais fácil ouvir a opinião das pessoas quando perceber que todos, de uma maneira ou de outra, acabarão lhe dizendo o que pensam. Pare de esperar que concordem com você. Em vez disso, conte com o fato de que lhe darão sua opinião e vibre quando esta for diferente da sua. Você verá que acontece algo de mágico: você pode ouvir as pessoas e não fazer absolutamente nada para agradá-las. O simples fato de ouvir já dá à maioria das pessoas aquilo que elas querem: a chance de ser ouvidas. Se você conseguir fazer isso, estará lhes dando também o maior presente que um ser humano pode dar.

Qual o quinto passo para superar a anorexia do sucesso?

13

O quinto passo:
Duas vezes por dia

Você já percebeu que, de um modo geral, nossas bandejas de entrada estão cada vez mais cheias? Quantas coisas há na sua agenda para fazer hoje? Cinco? Dez? Vinte? Mais? Quando não consegue fazer todas num só dia, o que você faz ou diz a si mesmo? Se você for como a maioria das pessoas com quem trabalho ou trabalhei, seu monólogo interior provavelmente será algo assim:

"Seu lerdo, por que não consegue fazer mais coisas num dia? Não sabe que ainda tem outras coisas a fazer? Não sabe que seu irmão (ou irmã ou quem quer que seja a pessoa com quem você se compare) seria capaz de fazer isso tudo num dia e talvez até mais...?" E por aí vai.

A questão é que a maioria das pessoas acha que tem de fazer mais coisas num só dia do que é possível. E, ao mesmo tempo, não acha que pode atingir o que realmente quer na vida. É como se escondêssemos o nosso verdadeiro eu por trás de uma montanha de obrigações a cumprir que não nos colocam mais perto de realizar nossos sonhos — mesmo que nos resolvamos saber que sonhos são esses!

Qual a solução para esse problema? Bem, poderíamos ignorá-lo e esperar que desaparecesse. Ou continuar fazendo o que fazemos e torcer por um resultado diferente. Mas tanto você quanto eu sabemos que essas soluções não levarão a lugar algum.

É aí que entra a técnica que chamo de **Duas Vezes por Dia**. Eu descobri que ela é a mais eficaz que já usei quando se trata de eliminar aquela sensação de "não sermos o bastante" que às vezes entra na minha bandeja de entrada (e mesmo em minha vida).

Em que consiste essa técnica? Ela é uma atividade ou uma série de atividades que você gosta de fazer, que faz duas vezes por dia, uma pela manhã e uma à noite (ou à tarde). Por que duas vezes? A razão é que nós muitas vezes estabelecemos metas demasiado elevadas sem jamais dar nenhum passo para cumpri-las. Quando pensamos em fazer alguma coisa duas vezes num dia, podemos transformar a montanha numa colina suave.

Agora, talvez você ache curiosa a idéia de agendar alguma coisa que lhe dá prazer e alegria. Entretanto, eu o convido a pensar a respeito. Qual foi a última vez em que você realmente FEZ alguma coisa que gosta de fazer (em vez de só pensar em fazê-la)? Qual foi a última vez em que você fez alguma coisa e teve realmente a satisfação de havê-la feito? E, por falar nisso, qual foi a última vez em que você fez algo de que gosta — e não se sentiu culpado por fazê-lo?

Na nossa cultura, muitas vezes aprendemos a associar todas as sensações boas à culpa. Quando vemos as coisas assim, tudo se torna cômico: nossa necessidade elementar de sentir bem-estar e prazer com o que fazemos compõe-se da sensação de culpa que surge na hora em que de fato nos sentirmos bem por fazê-lo! Não é de admirar que tantos de nós nos dediquemos a evitar justamente o que mais queremos na vida.

Por outro lado, também aprendemos que, se dermos duro e nos matarmos de trabalhar, estaremos fazendo algo digno e, de algum modo, somando pontos para nossas recompensas no céu. Alguém já viu alguma caderneta para anotar esses pontos? Deixe-me contar-lhe um segredinho: ninguém está anotando ponto nenhum a não ser você mesmo! O sofrimento não traz nenhum ponto extra. Você não ganha mais crédito por dar duro ou por se matar de trabalhar. (O máximo que pode acontecer é você morrer de trabalhar e ponto final.)

Eu não estou insinuando que nós devamos parar de dar duro nem defendendo a preguiça como forma de viver. Só estou dizendo que, geralmente, quanto mais trabalhamos, mais tendemos a afastar justamente o que mais desejamos. Lembre-se: as idéias sobre o esforço e o trabalho duro nos foram ensinadas por pais e mestres que realmente queriam o melhor para nós. Infelizmente, a maioria das pessoas acaba se tornando craque em impedir o surgimento de experiências e sensações positivas, em dar duro por quase nada — pouco dinheiro, reconhecimento ou prazer — e em se sentir culpada na hora em que acontece algo de bom.

Obviamente, os comportamentos e sensações que acabo de descrever não são conscientes. Ninguém sai por aí dizendo: "Nossa! Estou tão feliz que é melhor me sentir culpado agora." Nenhum pai ou mãe ensinaria conscientemente um filho a sentir-se culpado por estar bem. Pelo contrário, essas idéias se insinuam em nós quando não estamos atentos a elas. Percebemos que quando nos acontece algo de bom, nos sentimos estranhos, esquisitos e até amedrontados — mas não conseguimos explicar esse fenômeno.

O que geralmente fazemos nesse caso é livrar-nos de qualquer possível sucesso que tenhamos atingido para voltar ao nosso nível interno de conforto e segurança. Na nossa cabeça, a mensagem é mais ou menos assim: "Se eu estiver feliz, fazendo algo de que gosto, isso quer dizer que eu não devo estar trabalhando como deveria. E se não estou, isso implica que não mereço todas as coisas boas que estão acontecendo comigo. E se chegar alguém e tomar o que eu tenho? Talvez seja melhor eu devolver o que eu tenho antes que alguém o tome de mim. (E se tem uma coisa que eu devo esconder de todo mundo é o quanto realmente gosto de mim mesmo!)"

Um exercício muito simples que pode fazer uma grande diferença

E onde é que a técnica que chamo de Duas Vezes por Dia entra nessa história? A resposta é muito simples. Se o problema é que você não se

A SOLUÇÃO

sentiu autorizado a se dedicar às coisas de que gosta e se sente culpado pelo seu próprio prazer e gratificação, a solução é fazer o oposto do que vem fazendo.

Certo, Noah. E vamos ver coisas extraordinárias na próxima segunda-feira.

Por favor, seja paciente consigo mesmo. Eu não estou sugerindo que essas mudanças sejam tão fáceis como parecem quando falo. Mas você sabe, tanto quanto eu, que se continuarmos a fazer o que estamos fazendo, continuaremos a conseguir o que estamos conseguindo. Você não acha que faz sentido tentar algo diferente... e ver o que acontece?

Vamos dar um pequeno passo de cada vez. Em primeiro lugar, complete as seguintes frases:

1. Se eu tivesse tempo suficiente, eu iria...
2. Se eu tivesse dinheiro suficiente, eu iria...
3. Se dinheiro não fosse problema, eu iria...
4. Se tempo não fosse problema, eu iria...
5. Se eu tivesse a oportunidade, eu iria...
6. Eu sempre quis...
7. Se existe uma coisa que eu adoro fazer é...
8. Eu morro de vontade de aprender a...
9. Eu morro de vontade de...
10. Eu sempre sinto prazer quando...

Muito bem. Você provavelmente só está lendo rapidinho essas orações sem completar as lacunas. Faça-me um pequeno favor. Respire fundo. Agora vá até a escrivaninha e pegue uma caneta. Complete cada uma das orações começadas. Isso mesmo. É para você escrever aqui no livro. (Ora, você o comprou, então é seu; pode escrever nele. Naturalmente, se você estiver lendo o exemplar de uma livraria, isso pode ser um tanto problemático.)

Vamos lá. Complete as orações. Faça isso no seu diário, se quiser realmente "viajar" na coisa. Estarei aqui à sua espera quando você terminar.

★ ★ ★

Encontrou alguma atividade Duas Vezes por Dia, algo que realmente goste de fazer, que lhe dê muito prazer e satisfação?

Ótimo. Então NÃO FAÇA ISSO.

"O quê?! Você me pediu para escrever isso tudo e agora não quer que eu faça nada? Pirou?"

Acompanhe o meu raciocínio.

Veja bem: se este fosse um livro de auto-ajuda como os outros, o que você leria aí em cima é que precisa programar tempo para fazer essas coisas de que gosta e procurar divertir-se ao fazê-las.

Se por acaso você ainda não percebeu, este não é um livro de auto-ajuda como os outros.

Sinceramente, se eu não lhe disse que fosse em frente e começasse logo a programar essas atividades na base de Duas Vezes por Dia, é porque eu conheço todos os truques que o Reflexo Negativo usa com suas vítimas (pois já os usei todos comigo mesmo!). Sabe, quando comecei a superar a anorexia do sucesso, escrevi essas listas com todas as coisas que gosto de fazer, como jogar golfe, fazer amor e ler (não necessariamente nessa ordem). E, depois, fazia exatamente o que sempre fiz: nenhuma delas!

É por isso que criei o conceito de Duas Vezes por Dia. O que eu gostaria que você percebesse é que você faz o que faz — e não faz o que NÃO faz — por alguma razão. A razão para você fazer ou não fazer as coisas é que, por algum motivo, você acha que é melhor fazer o que está fazendo e não fazer o que não está fazendo. (Está me acompanhando?)

Se eu lhe dissesse que fosse em frente e começasse a fazer as coisas que gosta de fazer (mas vem evitando), o que você faria? Provavelmente diria: "Um dia desses eu faço isso" — e continuaria fazendo o que sempre fez, que é não fazer as coisas de que gosta.

É por isso que estou lhe dizendo que, depois que terminar de anotar as coisas que realmente gosta de fazer, a única coisa que você não pode é fazê-las.

Isso mesmo. Eu disse: "NÃO FAÇA NADA DISSO."

Está achando estranho? O que você está pensando agora?

Está pensando algo como: "Quem esse cara pensa que é para me dizer que não faça as coisas que gosto de fazer? Ele vai ver uma coisa — vou começar a fazê-las agora mesmo!"

Você notou que, no instante em que eu lhe disse que não podia fazer as coisas de que gosta, você imediatamente se sentiu *privado* delas — mesmo que não estivesse fazendo nada de que gosta naquele momento? Não é incrível que, quando alguém diz que você não pode fazer alguma coisa, você fica furioso; mas quando você mesmo diz isso, você acredita?

Pois é, na hora em que eu lhe disse que não podia ir em frente e fazer o que gosta, você pensou consigo mesmo: "Ei, por que eu deveria privar-me dessas coisas? Eu as mereço tanto quanto qualquer outra pessoa! Por que diabo eu não poderia tê-las?"

Não há razão nenhuma para que você não tenha as coisas de que gosta. Nenhuma mesmo.

Está começando a ver o que acontece? Foi você mesmo que se privou das coisas de que gosta. Mas quando alguém procura privá-lo dessas coisas, você perde logo as estribeiras e diz: "Eu tenho direito a isso!"

Exatamente! É justo assim que eu quero que você pense a seu próprio respeito. A questão é que você merece o melhor. Você merece divertir-se e fazer aquilo de que gosta. E não há a menor razão para que você se prive disso.

Hum! Acho que ouvi alguém dizer: "Mas você não está entendendo... Eu não tenho o dinheiro... ou o tempo... Eu não tenho quem me ajude a conseguir as coisas que eu quero... ."

Espere um instante. Nós não acabamos de falar sobre isso? Você não se lembra de que eu disse que você NÃO deveria ir em frente e fazer as coisas de que gosta? Que você NÃO deveria permitir-se nenhuma diversão hoje, nenhuma alegria pelas suas realizações?

"Quem ele pensa que é para me dizer que não faça o que eu quero, nem me orgulhe de minhas realizações?"

Pois é! Quem, mesmo?

Está vendo o que acontece? Este é o eterno paradoxo da natureza humana: nós nos anulamos até o dia do juízo final, mas se alguém quiser tomar-nos o que temos ou desejamos, lutamos como leões para defendê-lo. É simples assim: você pode gozar com a cara da sua família, mas se alguém mais o fizer, é chumbo grosso!

Está começando a captar o conceito?

A questão é a seguinte: quero que você analise todas as maneiras pelas quais vem se anulando e, então, proponha-se uma brincadeirinha: finja que alguém lhe ordena que não faça uma determinada coisa. O que você faria?

Se você for como eu, iria tomar satisfações imediatamente: "Ei, quem você pensa que é? Se eu quiser fazer uma coisa, vou fazer... E já!"

Eu praticamente sou diplomado de tanto fazer as coisas que os outros me diziam que não podia ou não devia fazer — mesmo que nunca tivessem dito com todas as palavras, e mesmo que eu fosse a única pessoa que estava dizendo que não podia. Foi assim que escrevi a primeira edição deste livro em apenas duas semanas (na verdade, eu a escrevi em cinco dias, parei quatro e fiz a revisão em mais cinco, ao longo de duas semanas). Apostei comigo mesmo que, se começasse na segunda-feira de manhã, não conseguiria terminar o livro na sexta até as 5 horas da tarde. Fiquei uma fera e disse para mim mesmo: "Então tá. Vamos ver se não consigo."

E adivinhe — o idiota ficou pronto às 4:53 da tarde de sexta-feira. (É verdade que em alguns dias eu tive de trabalhar dezoito horas, mas eu disse que tinha ficado uma fera.)

Aposto qualquer coisa como você tem o pavio tão curto quanto o meu. Convido-o a aprender com os meus erros e a parar de tentar se convencer a fazer alguma coisa que simplesmente não o deixa à vontade. Se você for tão teimoso quanto eu, tem dentro de si uma coisa que diz que você vai conseguir fazer algo que todos dizem que você não vai conseguir. (A maioria dos meus clientes e alunos cabe nessa descrição.) Proponha a si mesmo um jogo mais ou menos assim:

Aposte consigo mesmo que não consegue fazer uma coisa de que realmente gosta duas vezes por dia, uma pela manhã e uma à noite ou à tarde. Ou aposte que não consegue encontrar nem mesmo três coisas que gosta de fazer! Aposte que não vai conseguir ter prazer nenhum em suas próprias realizações. Naturalmente, se você já tiver lembrado de mais de cinco coisas que gosta de fazer, aposte então que não consegue fazer duas delas numa semana. Veja quanto tempo você leva para fazer todas as cinco!

O importante ao aplicar a técnica de Duas Vezes por Dia é não introduzir mais preocupações na sua vida e, sim, brincar com a idéia de que somos vítimas de circunstâncias que fogem ao nosso controle. Posso afirmar que temos muito mais controle sobre o que acontece na nossa vida do que somos levados a acreditar. Só que é fácil dizer e acreditar que fatos e circunstâncias (ou mesmo pessoas), além da nossa vontade, estão nos controlando. Assim, não temos de assumir nenhuma responsabilidade para mudar as coisas de que não gostamos. Convido-o a usar uma tática diferente: use a imaginação e seu senso lúdico para montar de novo o cavalo da vida e sentir o prazer do seu galopar.

Quem sabe? Depois de algum tempo, você talvez até se divirta fazendo o que está fazendo.

(Mas, faça o que fizer, não deixe que ninguém lhe pague rios de dinheiro para fazê-lo!) *

Qual o sexto passo para superar a anorexia do sucesso?

---

* Essa foi mais uma afirmação destinada a "sacudir" o seu hábito de pensar e agir como se devesse privar-se das coisas. Funcionou?

14

O sexto passo:
Descubra o seu "não"

Era uma vez uma época em que eu tinha muita dificuldade para dizer "não" às pessoas. Como eu queria que todos gostassem de mim, imaginei que a melhor maneira de conseguir isso seria tentar ser tudo para todos. Se alguém me pedisse alguma coisa, eu imediatamente dizia "sim", muito embora depois quase sempre me arrependesse. Eu queria tanto a aprovação das pessoas que morria de medo que alguém ficasse zangado ou nervoso comigo.

Havia vários problemas com essa estratégia: 1) eu não conseguia adivinhar o que as pessoas queriam (e isso era uma coisa que mudava quase que de um dia para o outro); 2) o fato de querer ser tudo para todos me deixava mental, física e emocionalmente esgotado; 3) ela não funcionava. Na verdade, produzia exatamente o efeito *oposto* ao que eu queria: eu não só não consegui que todo mundo gostasse de mim; eu na verdade consegui afastar de mim muita gente, pois as pessoas percebiam que eu era uma "vaca de presépio" que tentava ser qualquer coisa que se quisesse que ela fosse.

Isso ficava especialmente claro nas minhas relações com as mulheres. Eu tentava tanto impressionar a mulher com quem estava que simplesmente mudava a minha personalidade para adaptar-me a ela e fazê-la feliz. Não é preciso ser nenhum gênio para perceber por que essa estratégia as afugentava! O fato é que as mulheres (como também os homens) sentem quando alguém não está sendo sincero com elas. E, para dizer a verdade, a maioria de nós foi condicionada a desconfiar, de modo que, quando sentimos que alguém não está sendo totalmente sincero, nós simplesmente ficamos ainda mais desconfiados.

Para mim, o importante disso tudo é ajudar você a aprender com os meus erros. Eu o convido a fazer uma coisa que exigiu de mim vários anos de aprendizagem: **Descubra o seu "não"**. O que eu quero dizer com isso? Descobrir o seu "não" implica a necessidade de chegar a um ponto na sua vida no qual possa dizer "não" às pessoas e pronto. Como diz um amigo meu: "'Não' é uma oração completa."

Por que isso é tão difícil para tanta gente? É muito simples. Nós somos seres humanos e todo ser humano só quer três coisas: aprovação, atenção e apreciação. (Veja o Capítulo 16.) Poderíamos dizer que tudo a que realmente queremos se resume a uma palavra: aceitação. Para muitos de nós, a palavra *não* equivale a "Não gosto de você" ou "Não aprovo você" ou mesmo "Você é uma pessoa má". Eu sei que isso pode parecer rude, mas pense bem: não foram essas as mensagens (implícitas ou explícitas) que você algumas vezes recebeu na infância quando ouviu um *não*?

Muitos de nós preferiríamos morrer a magoar alguém. Já que acreditamos que dizer "não" implica ferir sentimentos e provocar sofrimentos (era o que sentíamos quando éramos crianças), sentimos uma culpa terrível quando dizemos "não" a alguém. Não queremos que ninguém passe pelo sofrimento que passamos. Eu tenho duas coisas a dizer em relação a esse modo de pensar:

1. Ele mostra que você é uma pessoa muito compassiva.

2. Você está errado.

Quando você diz "não" a alguém, não está necessariamente dizendo "Não gosto de você", "Não o aprovo" ou "Você é uma pessoa má". Pense bem: quantas vezes você quer dizer isso mesmo quando diz "não"? Aposto que muito poucas.

O que a palavra "não" realmente significa? Ela é apenas a expressão de uma recusa ou desacordo diante daquilo que foi apresentado. Vamos usar um exemplo para chegar à conclusão lógica deste raciocínio. Pense a respeito desta pergunta: você tem certeza de que realmente quer que *todo mundo* goste de você? Isso inclui também viciados, assassinos, pessoas que cometem crimes hediondos. Você quer mesmo que essas pessoas gostem de você?

Você responde: "É claro que não." Essa parte foi fácil. Acabamos de eliminar um monte de gente cuja aprovação você não quer nem precisa. E outros tipos de pessoas — digamos, vendedores, políticos e todos aqueles que procuram convencê-lo a comprar seus produtos (que às vezes são eles próprios)? Você quer que toda essa gente goste de você?

Não, claro que não. Todas essas pessoas têm segundas intenções, têm seus próprios interesses.

Bem, agora chegamos ao ponto crucial da questão, à realidade que está por trás da ilusão. Não é verdade que todo ser humano que você conheceu, conhece ou conhecerá tem seus próprios interesses?

Aí você diz: "Mas — e todas as pessoas generosas que existem por aí? E os bombeiros, os policiais, os cirurgiões, os médicos e os pastores, que dedicam a própria vida a ajudar e a servir os outros? E eu? É isso eu que faço o tempo todo! Você está insinuando que eu tenho os meus próprios interesses?"

É claro que sim.

Precisamos ir além da superfície para ver o que realmente se passa dentro de você e de todas as pessoas que existem na Terra. Vejamos o caso dos bombeiros, que não apenas arriscam a própria vida para salvar a dos outros, mas também muitas vezes trabalham como voluntários, de forma que nem sempre estão sendo pagos para colocar a vida alheia em primeiro lugar. Que interesse essas pessoas poderiam ter? — você pergunta. Elas são as pessoas mais nobres, desprendidas, generosas e bondosas que podem existir no mundo. De fato, são mesmo. E esse é precisamente o interesse que elas têm.

Lembre-se de que o fato de uma pessoa ter algum interesse (que, na verdade, significa aquilo que ela quer) não implica que ela não possa ser também generosa, gentil e desprendida. Na verdade, o interesse de muitas pessoas é a generosidade e o desprendimento. O simples objetivo de ganhar muito dinheiro não inspira nem motiva todo mundo.

É justamente por isso que você precisa encontrar o seu "não".

Como e por que encontrar o seu "não"

Para encontrar o seu "não", basta seguir quatro passos muito simples:

1. Descubra o que você realmente quer e Quem Você Realmente É.
2. Expresse isso.
3. Deixe que as pessoas façam o mesmo.
4. Repita.

Vamos analisar esses passos, um de cada vez.

1. Descubra o que você realmente quer e Quem Você Realmente É.

Isso é muito, mas muito mais fácil falar que fazer. Praticamente, todos os livros de auto-ajuda já escritos procuram ajudar as pessoas a dar esse passo. Só que Quem Realmente Somos não é algo estático; não é uma coisa que atingimos uma vez e dizemos: "Pronto, descobri quem realmente eu sou. O que temos para o almoço?"

Estamos constantemente nos recriando a cada momento da vida. O problema é que a maioria das pessoas não percebe que Quem Realmente São não é algo gravado numa pedra; Quem Realmente Somos adapta-se conforme nossos sonhos, exigências e decisões, os quais podem mudar a cada dia.

A forma mais fácil e simples que conheço de descobrir o que realmente queremos e Quem Realmente Somos é completar as orações seguintes:

1. Se eu pudesse fazer tudo que eu quero, eu iria...
2. Se eu pudesse ser quem eu quero, eu iria...
3. Se eu pudesse representar qualquer papel, seria...
4. Se eu pudesse ajudar as pessoas, eu iria...
5. Se eu me conhecesse, eu iria...
6. Quando eu descobrir o que eu quero fazer, irei...
7. O objetivo de minha vida é...
8. Estou aqui na Terra para...

Vamos lá, complete essas orações. Isso, no seu Diário da Permissão para o Sucesso. Estarei à sua espera quando você terminar.

A simplicidade dessas questões é surpreendente. No entanto, trata-se de algumas das mais profundas questões da humanidade. Há milênios lutamos coletivamente para respondê-las e, individualmente, talvez há muitas décadas. Mas não desanime. Continue tentando. A recompensa está na pergunta e, nem sempre, na resposta. (Para uma lista de outros recursos que o ajudarão a descobrir o que realmente você quer e Quem Você Realmente É, veja a seção intitulada PARA UMA MAIOR APRENDIZAGEM.)

2. Revele o que você realmente quer e Quem Você Realmente É.

Agora chegamos à parte delicada. Veja bem, o verdadeiro desafio da vida não é conhecer nem descobrir Quem Realmente Somos. Na verdade, nós já sabemos isso — só que, na maior parte do tempo, nós o negamos!

Se hoje você saísse por aí dizendo Quem Você Realmente É, o que aconteceria? As pessoas ririam de você? Diriam que está louco — ou coisa pior? Trancariam você em algum lugar e jogariam a chave fora? Esses são apenas alguns dos medos irracionais que sentimos quando pensamos em ser e revelar Quem Realmente Somos (o nosso Verdadeiro Eu). O incrível, porém, é que, quando somos simplesmente nós mesmos, nada de especial acontece. O mundo não se acaba. A Terra não pára de girar. O Sol continua nascendo no horizonte.

O problema é que nós simplesmente não acreditamos nisso.

Você alguma vez se perguntou de onde vem todo esse medo de revelar o nosso Verdadeiro Eu? A resposta é tão óbvia que muitas vezes nós não a percebemos. A maioria das pessoas aprendeu a se sentir culpada ou envergonhada por revelar o seu Verdadeiro Eu. Quando nos sentíamos alegres, cheios de entusiasmo e de amor pela natureza; quando confiávamos em todos os que cruzavam o nosso caminho, revelar o nosso Verdadeiro Eu não era problema. Porém, aos poucos, fomos aprendendo que não devíamos confiar em todo mundo, que o mundo nem sempre é um lugar seguro, que as pessoas muitas vezes nos ridicularizam se estivermos felizes demais, que o mais garantido era ser bonzinho e fazer o que a professora mandava. Quando se pensa bem, vê-se que é incrível que alguém tenha tido a coragem de ser criativo!

Não devemos culpar nossos pais, nossos responsáveis ou mestres por isso. Eles, de fato, fizeram o melhor que podiam e queriam o que achavam melhor para nós. O problema é que o que eles achavam que era melhor para nós pode não ter sido o que realmente era melhor para nós. Com o tempo, percebemos que o preço que se paga por ser e revelar quem realmente somos muitas vezes é alto demais.

O fato é que foi inteligente de sua parte não mostrar aquela exuberância e aquela confiança em todo mundo que você tinha quando era criança. Foi uma boa decisão tentar ser bonzinho e fazer o que a professora mandava. Foi bom acertar o passo com os outros e fazer o que eles queriam (por exemplo, quando você aprendeu a atravessar a rua ou a dirigir um automóvel).

Agora, porém, você é um adulto. E tem uma decisão a tomar. Você tem o poder de dizer "sim" àquilo que quer e "não" ao que não quer. Você já sofreu e lutou o bastante. Já não há mais pontos a ganhar. Se você quer mudar, por que não poupar tempo e sofrimento — para si mesmo e para os outros também — e simplesmente tomar a decisão de ser quem você é?

Revelar Quem Você Realmente É — o seu Verdadeiro Eu — nem sempre é fácil. Entretanto, a vida é de tal forma que a única maneira que temos de manifestar nossos reais desejos é justamente essa. É como se ela exigisse de nós coragem e força interior para nos dar suas recompensas.

É hora de você colher o fruto de todos os seus anos de trabalho e labuta. Decida-se pelo sucesso e pela fruição de tudo o que a vida tem para lhe oferecer. Para ajudá-lo nisso, pensei nas frases abaixo, que você deve completar pensando nas razões por que merece o sucesso:

1. Agora eu posso tomar a decisão de vencer porque...
2. Agora eu posso dizer "não" àquilo que eu não quero porque...
3. Agora eu posso dizer "sim" àquilo que eu quero porque...
4. Agora eu posso ser quem eu quero ser porque...
5. Agora eu posso me decidir pelo sucesso porque...
6. Agora eu resolvi ser bem-sucedido porque...
7. Agora eu me decidi pelo sucesso porque...

E agora chegamos ao terceiro passo desse delicioso processo:

3. Deixe que as pessoas sejam e revelem Quem Realmente São.

Este passo é, ao mesmo tempo, mais fácil e mais delicado que o anterior. Muitas vezes é bem mais fácil para nós vermos a singularidade e a beleza de outra pessoa que as nossas, pois nunca podemos nos ver como realmente somos quando nos olhamos no espelho. Nós só podemos ver alguma coisa de nós mesmos em duas dimensões, enquanto os outros podem ver-nos em todas as quatro dimensões (incluindo o tempo). Talvez por isso a natureza nos tenha feito uns para os outros.

De qualquer modo, precisamos deixar que as pessoas sejam e revelem Quem Realmente São também, se quisermos fazer o mesmo. Jesus salientou isso quando nos exortou a fazer aos outros aquilo que gostaríamos que nos fizessem. Lembre-se de que não é preciso concordar com tudo o que as pessoas fazem nem apoiá-las em tudo para viver e deixar viver. Você não apoiaria o seu filho se ele quisesse usar drogas, não é verdade? Há uma linha muito tênue entre dizer "Vale qualquer coisa" e "Eu o amo por Quem Você Realmente É" (Veja o Capítulo 9).

O modo mais fácil de treinar a expressão do seu Verdadeiro Eu é usar estas três simples frases:

O que eu quero para mim, quero para os outros.

O que eu quero para mim é...

O que eu quero para os outros é...

(Preencha as lacunas com aquilo que você de fato quer para os outros.)

Você talvez descubra, por exemplo, que o que realmente quer para si é "ser feliz" ou "amor" ou "viver em paz". E talvez fique surpreso ao descobrir que é exatamente isso que você quer para os outros também. Quando você transforma o pensamento numa frase simples, sempre ao seu alcance, pode lembrar que ser Quem Você Realmente É é, ao mesmo tempo, mais fácil e mais difícil do que não ser. (Esse é um dos eternos paradoxos da vida humana: ser Quem Realmente Somos é, ao mesmo tempo, mais difícil e mais fácil que qualquer outra coisa que nós já tentamos.)

Finalmente, o último passo no processo de encontrar o seu "não" é:

4. Repita.

Lembre-se que Quem Você Realmente É (o seu Verdadeiro Eu) não é uma entidade estática. Não se trata de um ponto que você atinge e diz: "Pronto!" Trata-se tanto de um processo quanto de um produto, tanto de uma jornada quanto de um destino, tanto de um meio quanto de um fim que jamais termina. Trata-se de algo em que investiremos pelo resto da nossa vida aqui na Terra — e talvez até mais!

Prepare-se para, quando chegar lá, perguntar a si mesmo: "É isso?" O crescimento, a mudança e, na verdade, a frustração e o desejo de experimentar mais estão incutidos no organismo humano. Os seres humanos estão entre as criaturas mais inquietas do planeta. Tome a liberdade de ser e de fazer, de se mover e de ficar imóvel, de parar e de reiniciar, de começar e de terminar. Essa é a liberdade da vida humana, e ela não é recusada a ninguém que sinceramente a busque.

Decida-se a dizer "não" — e o universo responderá com apenas uma palavra:

SIM!

Qual o sétimo passo para superar a anorexia do sucesso?

15

O sétimo passo:
Descubra o seu "porquê"

"Descobrir o seu **porquê**" significa encontrar resposta para a seguinte pergunta: "O que realmente eu estou fazendo aqui?" Comparadas a essa, todas as perguntas que fizemos até agora são relativamente insignificantes.

Descobrir o seu **porquê** é uma decorrência direta de descobrir o seu "não" (algo que discutimos no capítulo anterior), pois é muito difícil encontrar o seu "não" se você ainda não encontrou o seu "porquê". Da mesma forma, depois que você encontra o seu "porquê", nem é preciso quebrar a cabeça para encontrar o seu "não".

O que eu quero dizer com isso? Vejamos um exemplo bem óbvio, retirado da minha própria vida, para ilustrar essa questão.

No dia em que descobri a anorexia do sucesso, percebi que, depois de muitos anos de penosa busca, eu finalmente havia encontrado o meu objetivo de vida. Imediatamente, tive a certeza de que havia milhões de pessoas que se privavam do sucesso — faziam exatamente o mesmo que eu estava fazendo —, mas não tinham a menor idéia do que estava acontecendo. Tive a certeza também de que havia acabado de descobrir uma coisa que ajudaria milhões de pessoas a superar esse problema. Você consegue perceber como isso facilitou a minha vida?

O que aconteceu, em decorrência desse fato, é que todas as decisões que tomei em seguida tinham de passar por um filtro: "Isso se encaixa no meu objetivo de vida e na razão de eu estar aqui na Terra?"

Portanto, quando você tem de tomar uma decisão quanto a como investir o seu tempo, por exemplo, basta perguntar a si mesmo: "Isso me ajudaria a [x] (seu "porquê" ou finalidade, qualquer que seja ele)?"

Outro modo de fazer a si mesmo essa pergunta seria: "Fazer isso [qualquer coisa que você esteja pensando em fazer] me ajudará a cumprir a minha obrigação para com as pessoas que precisam de mim?"

Essas perguntas são as perguntas que eu classifico como "justificadoras", pois elas promovem respostas que lhe mostram se aquilo que você está pensando em fazer está de acordo ou não com os seus reais propósitos.

Pense: se você soubesse que aquilo que fez hoje iria afetar as pessoas — centenas ou milhares delas —, como esse conhecimento iria influenciar o seu modo de pensar sobre o que vai fazer?

Ironicamente, quando sabemos que nossas decisões afetam outras pessoas, na verdade o processo de tomada de decisão fica mais fácil. Descobri — por experiência própria — que minha capacidade de decidir se enfraquece quando eu sinto que "nada do que eu faço importa" e quando eu começo a me perguntar coisas como: "De que é que adianta, de qualquer jeito?"

Eu tenho plena certeza — e a minha experiência com alunos do mundo inteiro me mostrou isso — que a maioria das pessoas sabe o que fazer. Na verdade, as pessoas já têm tudo aquilo de que poderiam precisar, mas se recusam a ir adiante porque "não é a hora certa", "eu sou demasiado isso" ou "eu sou pouco aquilo" — ou, se quiserem admitir uma verdade, "tenho medo".

Por favor, pare de fazer isso com você mesmo e com o resto do mundo. Não percebe que, quando não expressa o seu Verdadeiro Eu, você não apenas não está ajudando ninguém, mas na verdade está magoando os outros?

Deixe-me explicar. Eu gostaria de fechar esta seção do livro dando um exemplo que literalmente fez milagres na minha vida e na vida dos meus alunos. Se este livro não lhe der mais nada, dará esta imagem — guarde-a com você e deixe que ela o ajude a decidir-se pelo sucesso enquanto você viver:

Imagine-se dentro do maior refeitório do mundo. Ele é tão grande que poderia abrigar todas as pessoas que existem na Terra. Você olha ao redor e nota que à sua frente está o maior bufê da face da Terra. Ele se estende numa mesa a perder de vista, de um extremo a outro desse refeitório absurdamente grande.

Nesse imenso bufê estão todas as iguarias que podem existir no mundo, as mais suculentas e apetitosas que você já viu. Você olha em volta mais uma vez e nota que o mundo inteiro está ali, ao lado dessa mesa gigantesca. Essa comida daria para alimentar a todos. É uma fila de gente que não tem fim.

Enquanto observa, você percebe que, embora todos estejam famintos — e alguns praticamente quase morrendo de fome —, ninguém está comendo. A fila não anda. Você olha para trás e vê milhares de pessoas esperando.

"O que essa gente está esperando?", você se pergunta. E só então você se dá conta.

Essas pessoas estão esperando por você.

Existe uma ordem divina no universo. A ordem é a primeira lei do céu.

Se você e eu não nos resolvemos "comer" — isto é, servir-nos do banquete que a vida nos oferece aqui na Terra — nós prejudicamos não apenas a nós mesmos, mas também aos outros.

Lembra-se do personagem de Jimmy Stewart em *A felicidade não se compra*? Lembra-se do que teria acontecido se aquele homem não tivesse nascido? Será que você pensa mesmo que com você é diferente?

Pode ser que, no macroesquema da vida no universo, nossa existência neste minúsculo planeta verde-azulado não represente muita coisa. Na verdade, pode não representar absolutamente nada.

Mas é tudo o que temos.

E então? Vai decidir-se a comer agora?

PARTE QUATRO

Algumas Reflexões Finais Sobre o Sucesso

16

As três causas de todos os fracassos humanos e como evitá-las

F racasso — eta palavrinha nojenta!
Eu não consigo pensar em outra sensação que eu deteste mais que a de fracassar. Talvez seja por isso que eu passei tanto tempo estudando as causas do sucesso. Porém, ironicamente, o estudo de uma coisa inevitavelmente leva ao estudo de seu oposto.

Um dia, enquanto estava tomando o café da manhã, de repente me ocorreu que todas as aparentemente variadíssimas razões pelas quais as pessoas fracassam podem ser reduzidas a apenas três. Eu me refiro a elas como as três causas dos fracassos humanos.

Abaixo, uma breve lista do que NÃO SÃO essas causas:
- os pais
- os mestres
- os irmãos
- o governo
- os altos impostos
- o lugar em que crescemos
- o modo como crescemos

- se crescemos
- a cor da nossa pele
- o sexo
- a idade
- a altura
- o peso
- nós mesmos

Por favor, observe mais uma vez que eu disse que essas coisas NÃO causam os fracassos humanos. (Espero ter deixado isso bem claro.)

Percebi que, embora possamos culpar cada uma dessas coisas pela nossa falta de sucesso, na verdade só existem realmente três razões para todos os fracassos humanos. São elas:

- o medo
- a ignorância
- a entropia

Todos os problemas enfrentados pelos seres humanos — todas as guerras, desavenças, ações judiciais e discussões, tudo o que nos prende e imobiliza — podem ser reduzidos a uma dessas três causas originais: medo, ignorância e entropia, ou a uma combinação entre elas. Vamos examiná-las uma por uma, para descobrirmos como evitar (ou, pelo menos, superar) cada uma delas.

O medo

O medo é o fator que mais contribui para os fracassos humanos. Ele pode, inclusive, ser a causa dos outros dois. Por isso, dedicaremos à sua discussão o dobro do tempo que dedicaremos às duas outras causas.

O que é o medo? O medo simplesmente é *a previsão ou expectativa do sofrimento*.

Eis aqui uma mensagem que o Reflexo Negativo não quer que você descubra: nós não precisamos temer o medo! O medo é um maravilhoso paradoxo. O medo só pode nos controlar se fugirmos dele, se o negarmos ou tentarmos evitá-lo — em outras palavras, se tivermos medo do medo.

O medo é simplesmente uma mensagem que damos para nós mesmos, e que diz basicamente o seguinte: "*Ei! Acho que você está pensando em fazer algo que me fará sofrer... Portanto, NÃO FAÇA ISSO, tá?*"

Não precisamos nos envergonhar, nos constranger ou intimidar por causa do medo. O Reflexo Negativo sempre tenta fazer a vítima ter vergonha até por sentir, quanto mais por admitir que sente medo. Isso parece ser particularmente verdadeiro no caso dos homens, que foram ensinados a pensar que sentir medo não é coisa de homem, que é algo feminino ou sinal de fraqueza. Muitas mulheres também sentem vergonha de ter medo, é claro.

O que as pessoas — de ambos os sexos — precisam fazer é lembrar que o medo é uma reação natural, normal e saudável diante da idéia de fazer algo que acreditamos que poderá aumentar o sofrimento para nós ou para os outros. Portanto, o medo é uma simples mensagem biológica, da qual a natureza nos dotou por uma razão muito simples: para proteger-nos. Não se trata de uma coisa que deva provocar-nos vergonha. Paradoxalmente, o fato de admitirmos para nós mesmos ou para outra pessoa que temos medo rouba-lhe a força; o medo só pode nos controlar quando tentamos fingir que ele não existe.

Por exemplo, quando descobri a anorexia do sucesso, comecei a pensar em visitar o programa de entrevistas de Oprah Winfrey porque eu a admiro e respeito muito, tanto pessoal quanto profissionalmente. Além de ter um tino comercial fantástico, ela conseguiu, sem a ajuda de ninguém, incentivar os americanos a voltarem a ler. Entretanto, dar uma entrevista no programa dela sem dúvida mudaria a minha vida de um modo que eu não poderia nem prever, pois num instante milhões de pessoas iriam descobrir a anorexia do sucesso e o meu método para ajudá-las a superá-la.

Comecei a me perguntar por que tinha medo quando pensava em obter algo que eu queria muito — neste caso, participar do programa de Oprah Winfrey e dar a milhões de pessoas a oportunidade de saber que poderiam mudar sua vida de maneira considerável. Aos poucos, fui percebendo que eu achava que participar do programa representaria o fim do meu antigo modo de viver (isto é, anônimo) e o começo de uma vida da qual eu não tenho muita experiência (tornar-me conhecido, talvez até "famoso"). Por isso, eu sentia medo.

Finalmente, percebi que isso simplesmente era uma mensagem que eu dava a mim mesmo, a qual dizia: "*Ei! Não sei se quero ou não fazer isso! E se o resultado me causar mais sofrimento do que o que eu já sinto atualmente?*" Percebi que essas palavras na verdade resumem o que o medo de fato é: uma mensagem que damos a nós mesmos que diz: "Ei! E se o resultado me causar mais sofrimento do que o que eu já sinto atualmente?"

A função do medo é simplesmente manter-nos SEGUROS. Portanto, quando eu pensava em fazer uma coisa (isto é, tornar-me famoso) que poderia causar-me mais sofrimento do que o que eu já sentia, surgia uma mensagem no meu corpo que eu decodificava como medo. (A propósito, estamos o tempo todo num determinado patamar de sofrimento, seja alto ou baixo; não se trata de uma situação de sim ou de não, ou seja, de não sofrer nada ou de ter todo o sofrimento do mundo.) Eu tinha medo simplesmente porque estava pensando em fazer algo que poderia me causar mais sofrimento do que o que eu já sentia.

Uma vez entendido o que realmente era o medo, compreendi como lidar com ele. Percebi que bastava ter a certeza de que estaria seguro e que tudo daria certo. O medo é, num sentido muito real, como a sua mãe. Lembre-se de que a sua mãe sempre dizia: "Não atravesse a rua sem olhar para os lados... Não saia sem o casaco, se estiver frio... Já terminou seu dever de casa?..." etc.

Por que a sua mãe sempre lhe dizia tanta coisa — porque não gostava de você? Claro que não. Ela dizia tudo isso exatamente pela razão oposta: porque se preocupava com você e queria que você ficasse em segurança. O pior medo de uma mãe é que o filho se machuque. É por isso que a sua lhe deu todas essas regras para você viver. Portanto, eu percebi que o meu medo precisava apenas exatamente daquilo que uma mãe precisa: a certeza de que eu estaria bem.

E foi assim que inventei...

Uma técnica espantosamente simples para superar o medo

Esta técnica é tão absurdamente simples que pode até parecer-lhe uma bobagem. Porém o fato é que ainda estou para ver uma situação em que ela não funcione, se aplicada adequadamente. Bastam três simples passos:

Passo 1: Assim que você sentir medo (de fazer alguma coisa), admita-o imediatamente.

Da próxima vez em que sentir medo (seja de pegar o telefone e ligar para alguém, de largar o emprego ou de abrir um negócio), a primeira coisa que deve fazer é admitir que sente esse medo. É justamente aqui que as pessoas deixam que o medo as vença, pois acham que, se o negarem, conseguirão que ele suma num passe de mágica.

Você não deve achar uma surpresa que justamente o contrário seja verdade. O medo é como uma pessoa que bate à sua porta exigindo a sua atenção. Se você a ignorar, ela irá bater cada vez mais forte. E depois ainda vai chamar os amigos para ajudá-la a bater à sua porta. Se você continuar a ignorá-la, ela finalmente vai derrubar a sua porta com um tanque. Essa "derrubada da porta" pode assumir a forma de um acidente de carro, o fim de um casamento ou um ataque do coração. (Esse "murro na cara" é o método que o universo tem de chamar a sua atenção.)

Portanto, é de vital importância que você admita que sente medo desde o momento em que ele aparece. Não conheço nenhum outro sentimento que tendamos a negar mais que o medo (exceto, talvez, o desejo). Por favor, não se esqueça de que não é preciso, de modo algum, que você saia por aí contando a todo mundo que sente medo. A única pessoa para quem realmente você precisa admiti-lo é você mesmo. Porém, é perfeitamente aceitável e até recomendável que você fale do seu medo às pessoas da sua confiança.

Passo 2: Dê um rosto ao seu medo.

Em outras palavras, imagine exatamente como ele é.

Seu medo é como um imenso monstro verde e escamoso? Como um homenzinho minúsculo? Como um orangotango? Como a sua mãe? O seu pai? O seu irmão ou irmã?

A questão é que o seu medo vem de algum lugar. Você não o inventou simplesmente. Como qualquer outra emoção que sentimos, o medo é perfeitamente justificável e tem sua base na realidade. O problema é que tendemos a ficar presos nele, justamente pelas razões que estou explicando aqui. Portanto, para tornar o seu medo mais concreto, estou sugerindo que você descubra como ele é. (Confie em mim nesta jogada.) Eu sei que isso parece contrariar a intuição, pois fomos treinados para negar o medo e para fugir dele. A única pergunta que você tem de fazer é: "O que eu estou fazendo agora está funcionando?" Você sabe tão bem quanto eu que, se quiser continuar conseguindo o que está conseguindo, basta continuar fazendo o que está fazendo.

Recomendo que você faça um desenho colorido representando o seu medo. (Tenho um desenho chamado "Noah apertando a mão do seu medo", no qual dei ao meu medo a forma de um dinossauro verde abobalhado.) Além disso, você pode representar-se no desenho da maneira que você se sente em relação ao seu medo. (No desenho que acabo de mencionar, eu me retratei com um cabelo bem comprido, como eu sempre quis. Por que não?) Bem, você já deu um rosto ao seu medo. Agora você está pronto para o:

Passo 3: Agradeça ao seu medo por protegê-lo tão bem.

Este passo realmente vai fazer você pirar.

Agora que você admitiu que sente medo e já sabe como ele é, é hora de agradecer-lhe por tomar conta de você tão bem. "O quê?!", você estará pensando. "O medo foi o que me afastou do que eu queria fazer! É por causa dele que estou metido nesta porcaria de situação! E você quer que eu agradeça a ele por tomar conta de mim tão bem?"

Exatamente.

O medo é como os freios do carro. Seria bem legal dirigir até onde queremos ir sem precisar parar, mas as regras do trânsito e os fatos da vida nos mostram que precisamos reduzir a velocidade e até frear (às vezes bem rápido) de quando em quando. Por outro lado, teremos problemas se sairmos dirigindo com um pé no freio e outro no acelerador.

Para tirar o pé do freio, você tem de admitir que o medo na verdade fez um ótimo trabalho, protegendo-o de algo que você achava que lhe faria mal. Por exemplo, eu acreditava que, se me envolvesse com a mulher que me agradasse, ela me abandonaria. Portanto, toda vez que eu via uma mulher atraente, naturalmente eu sentia medo. Passei anos para descobrir por que tinha medo quando conhecia uma mulher bonita e disponível que me atraísse.

Não foi nada agradável analisar todos esses anos de tortura para concluir o que eu acabo de lhe dizer. Todavia, depois que o fiz, tive finalmente que admitir que o meu medo havia feito um belo trabalho, protegendo-me de uma situação que eu achava que iria me machucar: em outras palavras, ele me protegeu do fato de alguém que eu amava me deixar.

Portanto, o truque para superar o medo é simplesmente reconhecer que ele foi muito competente em sua tarefa de protegê-lo daquilo que você achava que iria magoá-lo. Para voltar a uma analogia anterior, quando o carinha começar a esmurrar a sua porta, não espere até ele chamar os amigos e passar por cima dela com um tanque. Abra a porta e convide-o para um chazinho. Você ficará surpreso com a rapidez com que esse tigre se transforma num gatinho se você ouvir o que ele diz e agradecer-lhe pelas dicas.

Quando convidar o seu medo para o chá, simplesmente diga-lhe (em voz alta, por escrito ou só mentalmente) algo assim:

"Ah, é você, Medo? Tudo bem? Que bom que você está aqui. Muito obrigado por querer me proteger e me livrar das decepções. Você tem feito um ótimo trabalho: está tentando resguardar-me de coisas que ainda nem aconteceram!"

Aí você pode prosseguir, dizendo algo do tipo: "Pois o que você me pergunta, Medo, é: 'Se eu fizer o que eu estou pensando em fazer, sofrerei ainda mais do que já estou sofrendo agora?' Bom, tenho de admitir que, na verdade, não sei se fazendo isso (aquilo que você está pensando em fazer) sofrerei ainda mais do que já estou sofrendo agora.

Mas, sabe de uma coisa, Medo? Eu realmente tenho de descobrir isso sozinho. Eu tenho um monte de amigos que me ajudarão se eu me magoar. Então, obrigado mais uma vez pela boa vontade. Até mais!"

Como se diz, é isso aí.

Com isso, você roubará TODA a força do medo — basta reconhecer sua presença e agradecer-lhe por tentar protegê-lo de coisas que ainda nem aconteceram. Você também pode pensar no Medo como uma criança pequena que fica puxando a sua roupa para chamar sua atenção. Se você tentar ignorar essa criança, ela insistirá ainda mais. Quando você usa a técnica espantosamente simples que acabo de descrever, é como se estivesse dando um doce a essa criancinha.

Da próxima vez que sentir a chegada desse velho conhecido chamado medo, siga os passos acima. Eu gosto de imaginar-nos sentados, tomando chá juntos. (Não é preciso ser maluco para fazer isso, mas ajuda.) Conte ao seu medo aquilo que está com vontade de fazer. Por exemplo, se estiver pensando em:

- participar de um famoso programa de entrevistas (como o de Oprah Winfrey);
- ser mais bem-sucedido do que é atualmente;
- falar diante de um grupo de pessoas;
- telefonar para alguém com quem tem vontade de sair;
- telefonar para alguém que não conhece bem;
- submeter-se a uma entrevista de emprego;
- fazer uma coisa que nunca fez;

— reconheça que é perfeitamente natural sentir medo, pois você estará fazendo alguma coisa nova. Faz sentido pensar que o fato de fazer algo novo poderia lhe trazer mais sofrimento do que o que já tem. Portanto, é sensato obter como reação uma mensagem que diga: "Ei! Não sei se quero isso ou não! E se isso me fizer sofrer mais do que já sofro?"

Assim, tudo o que você precisa fazer é dizer ao seu medo: "Olá, Medo, como vai? Obrigado por tentar evitar que eu quebre a cara; realmente estou agradecido. A propósito, você tem razão: se eu fizer isso, posso sofrer ainda mais do que já sofro. Mas também posso sofrer menos. Que tal descobrirmos isso juntos?"

Desse modo, você poderá transformar o medo, seu pior inimigo, num de seus maiores amigos e usá-lo da forma que a natureza previu: como o maior mecanismo interno de que dispomos para evitar o mal. (Para uma maior discussão sobre como fazer o medo passar de inimigo a amigo, leia o fantástico *The Gift of Fear* de Gavin De Becker.)

A ignorância

A palavra *ignorância* deriva de uma palavra latina que quer dizer "não sabemos". Ela significa "não estar ciente ou informado". Nesse sentido, a ignorância não se refere à falta de educação formal. A ignorância que implica fracasso é "aquilo que pensamos ou achamos que é de uma certa forma, mas não é". Em outras palavras, a ignorância representa o que achamos sobre nós mesmos, sobre os outros e sobre o universo que não é corroborado pelos fatos ou pela verdade. (Como disse certa vez Will Rogers, "Não é o que um homem sabe que o põe em apuros. É o que ele sabe, mas que não é como ele pensa".)

Todos nós acreditamos em algo a respeito de tudo e de todos. Por exemplo, se eu achar que as árvores são nocivas, eu agirei como se isso fosse verdade. Mas só porque eu acho que isso seja verdade não quer dizer que *seja* realmente. Entretanto, eu agirei como se isso fosse verdade — e, a menos que eu mude de idéia a respeito das árvores, não haverá fato que consiga me fazer pensar diferente. (Como alguém já disse uma vez: "Não me confunda com os fatos.")

Da mesma forma, quando aquilo em que uma pessoa mais acredita provém do Reflexo Negativo, como no caso do anoréxico do sucesso, o que ela acha de si mesma não tem a menor base na realidade ou na verdade (por exemplo: "Não presto para nada"; "Todos me odeiam"; "Eu deveria morrer" etc.). Enquanto não descobrir que ela, na verdade, NÃO é imprestável, que os outros NÃO a odeiam e que ela NÃO deveria morrer, essa pessoa não terá condições de aceitar ou de gozar plenamente do seu próprio sucesso.

Desse modo, por ignorar quem é e não compreender bem sua relação com o universo, essa pessoa se recusa a vencer. Nesse sentido, a ignorância é como o medo: ela só traz o fracasso quando nós nos recusamos a reconhecê-la. Podemos torná-la um grande mestre simplesmente admitindo que não sabemos tudo.

Por que é tão difícil pedir ajuda

Muita gente preferiria praticamente (ou literalmente) morrer a pedir ajuda. A maioria das pessoas não aprende, na escola ou em casa, a pedir ajuda; na verdade, em muitos casos, o que nos ensinam é que *não* devemos pedir ajuda. Alguma das mensagens abaixo lhe parece familiar?

"Não seja tão egoísta."
"Não responda aos mais velhos."
"Você ainda não sabe isso?"
"Criança é para ser vista, não ouvida."
"Porque eu sou a sua mãe e pronto."

Alguém ainda quer pedir ajuda? Acho que não.

Para superar a ignorância, primeiro precisamos reconhecer que ela existe — isto é, admitir para nós e para os outros que há alguma coisa que não sabemos. Em segundo lugar, precisamos aceitar que haja alguém em algum lugar que sabe o que deveríamos saber. E em terceiro, precisamos pedir a ajuda de que necessitamos dando primeiro a essa pessoa aquilo que ela quer.

O que todo ser humano mais quer e como obtê-lo

Eis aqui tudo o que você precisa saber sobre as pessoas pelo resto da vida: *todo ser humano realmente quer apenas três coisas: aprovação, atenção e apreciação.* Sem dúvida, a quantidade em que cada um as quer é diferente. Além disso, alguns precisam dessas três coisas muito, mas muito mais que os outros. Entretanto, você jamais conhecerá alguém que não queira aprovação, que não deseje ser querido ou que não queira alguma forma positiva de atenção. (Isso não implica, a propósito, que todo mundo fique à vontade quando consegue essas coisas.)

Você notou algo incrível em relação a essas coisas que todos os seres humanos querem? Todas são grátis! Nenhuma delas custa um centavo. Portanto, para conseguir tudo que você quer pelo resto de sua vida, basta dar a todos aquilo que eles realmente querem: aprovação, atenção e apreciação. Dá para imaginar como seria o mundo se todos nós começássemos a fazer isso?

Você poderia se perguntar: "E como é que eu posso fazer isso?" A maioria dos livros de auto-ajuda diz que você deve primeiro dá-las a si mesmo para poder dá-las a qualquer outra pessoa. Francamente, eu discordo. Quase sempre é mais fácil dar aprovação, atenção e apreciação aos outros que a nós mesmos. Por isso, em vez de ficar parado, esperando começar a amar a si mesmo, ame aqueles que estão à sua volta. Você verá que, apesar da simplicidade, isso aumentará sua auto-estima, pois, como disse Ralph Waldo Emerson, "é impossível amar a alguém sem que um pouco desse amor recaia sobre você".

Chame o seu melhor amigo e diga-lhe o quanto você agradece por fazer parte da vida dele. Chame cada um de seus filhos e agradeça-lhes por serem tão competentes em criá-lo. Chame seu filho e sua filha e diga-lhes o quanto está orgulhoso, não pelo que eles fazem, mas pelas pessoas que são. Uma advertência: só faça isso se realmente pensar essas coisas e tiver condições de dizê-las. Suas palavras não precisam ser perfeitas — o importante é que a mensagem seja bem entendida.

Depois que damos aos outros o que eles realmente querem, torna-se cada vez mais fácil pedir a ajuda de que precisamos. É como se tivéssemos um sensor que detectasse quando alguém precisa da nossa ajuda. O problema é que muitas vezes negamos a nossa necessidade de ajuda, provocando assim um curto-circuito nos sensores dos outros.

Podemos superar esse hábito de negar a necessidade de ajuda simplesmente reconhecendo que somos humanos e limitados e não sabemos tudo. Não é possível nem necessário que alguém saiba tudo para poder viver uma vida saudável e bem-sucedida. Portanto, a forma de superar a ignorância é simplesmente reconhecer a sua presença, admitir as lacunas do nosso conhecimento e pedir ajuda quando precisamos. (É mais fácil falar que fazer? Pode ter certeza.)

A entropia

A terceira causa do fracasso humano, a **entropia**, é a única que é um princípio natural — isto é, uma lei que se verifica tanto na natureza quanto no comportamento humano. A lei da entropia diz que todas as coisas tendem a decompor-se e a desordenar-se com o tempo. (Basta pensar no seu carro, na sua mesa de trabalho ou no seu armário.)

A palavra *entropia* provém de uma palavra grega que significa "em transformação". No seu sentido essencial, essa lei implica que todas as coisas estão sempre mudando. Porém, a mudança é de tal natureza que as coisas aparentemente sempre rumam para um estado mais caótico ou desordenado! Um dos aspectos mais fascinantes da entropia é que os seres humanos são as únicas criaturas na face da Terra que têm a capacidade de superar a entropia, pois somos os únicos seres que têm direito a ter uma opinião quanto ao que somos, o que queremos ser e aonde queremos chegar.

Como podemos superar a entropia? Tudo o que você precisa fazer é perceber que a entropia sempre vencerá no final. "O quê?!" (Acompanhe o meu raciocínio.)

Perceber a verdade sobre a entropia não faz sentido se você a analisar da mesma forma limitada que a maioria das pessoas a analisa. Elas tentam resistir à mudança com todas as suas forças — lutam contra ela,

ALGUMAS REFLEXÕES FINAIS SOBRE O SUCESSO

desesperam-se, exigem que a vida seja como elas querem e depois ficam se perguntando por que estão exaustas às duas horas da tarde todos os dias.

A única constante da vida é a mudança. Mudança significa algo diferente do que aconteceu no passado. A razão pela qual as pessoas lutam e resistem tanto à mudança na verdade é o medo da mudança, o medo do desconhecido, o medo de fazer ou de conseguir algo diferente.

Entretanto, o que realmente amedronta muita gente é o medo de que nada mude e tudo permaneça o mesmo! Os anoréxicos do sucesso, especialmente, temem que a constante avalanche de mensagens do Reflexo Negativo jamais cesse e que eles nunca possam libertar-se.

Por incrível que pareça, quando os alunos descobrem que a vida é mudança, tendem a relaxar e a ficar mais à vontade. Eles percebem que estavam lutando, não só contra si mesmos, mas também contra a própria natureza da vida. Quando lhes digo que eles não são responsáveis por consertar nada, nem a si mesmos nem à vida, geralmente é a primeira vez que ouvem isso. Às vezes é preciso repetir isso durante várias semanas ou meses, mas gradualmente meus alunos começam a acreditar.

Na The Success Clinic, costumamos dizer uma coisa: "O mundo vai ter que cuidar de si mesmo." Para que você não pense que estamos criando um bando de gente egoísta, lembre-se de que a pessoa que sofre de anorexia do sucesso se sente responsável pelo mundo inteiro. Isso dificilmente seria o comportamento de alguém egoísta.

Com toda a sinceridade, os alunos precisam lembrar (ou ouvir pela primeira vez) que não é função deles salvar o mundo. É inteiramente apropriado que digamos aos nossos alunos que o mundo vai ter de cuidar de si mesmo. Superamos a entropia sabendo que ela sempre vencerá no final, mas que podemos vencer pequenas batalhas enquanto estivermos vivos.

É por isso que fazemos exercícios, comemos adequadamente, respiramos profundamente, escrevemos, lemos e damos ouvidos à experiência dos outros. Do contrário, a entropia subjugará o nosso corpo (estaremos fora de forma), a nossa mente (não vamos querer aprender) e o nosso espírito (não faremos as perguntas importantes na vida). É assim que você pode transformar a entropia numa amiga — lembrando-se que ela sempre vencerá no fim e tomando providências para derrotá-la, só um pouquinho, dia após dia.

Não é incrível que a única maneira de evitar e de superar as três causas dos fracassos humanos seja reconciliando-nos com elas? Em outras palavras:

Nós, seres humanos, sempre teremos medo de alguma coisa, mas não precisamos temer o medo.

Nós, seres humanos, sempre seremos ignorantes de alguma coisa, mas podemos descobrir aquilo que precisamos saber dando primeiro às pessoas aquilo que elas realmente querem.

E, mesmo que a entropia vença no final, podemos vencer hoje se reconhecermos sua presença e tomarmos medidas para contrabalançá-la (exercitando a nossa mente, o nosso corpo e o nosso espírito).

Mesmo que nunca cheguemos à perfeição, não é maravilhoso saber que podemos superar as causas dos fracassos humanos?

Quais são os três simples fatos sobre o sucesso que quase todos ignoram?

17

Três simples fatos sobre o sucesso que quase todos ignoram

Seria de pensar, quando se fala sobre algo tão estudado, dissecado e desejado quanto o "sucesso", que houvesse um consenso quase universal sobre o que ele é e como consegui-lo. Entretanto, por mais incrível que pareça, isso que chamamos de "sucesso" ainda está envolto num manto de mistério, suspense e confusão.

A razão para isso é, ao mesmo tempo, simples e complexa: muitos de nós simplesmente não nos consideramos bem-sucedidos. Todavia (e é isto que provoca o mistério e o suspense), muito poucas pessoas jamais admitirão, a não ser nos seus momentos de maior intimidade, que não se julgam bem-sucedidas. A maioria defende com unhas e dentes os próprios atos e opiniões — mesmo que estes possam ser justamente a razão de não terem conseguido o que desejavam!

Neste capítulo, analisaremos três simples fatos sobre o sucesso que quase todos ignoram — e, mais que isso, três fatos cuja verdade poucos admitirão. Vamos derrubar aquilo que eu chamo de os três principais "Mitos sobre o Sucesso" — isto é, crenças a respeito do sucesso que muitas pessoas julgam verdadeiras, mas que não são respaldadas pelos fatos. (Poderíamos analisar dez, vinte e cinco ou cem mitos sobre o sucesso, mas acho que você concordará que os três que escolhi dão conta da maior parte do mistério, suspense e confusão que existem por trás daquilo que chamamos de "sucesso".)

Antes de começar a falar desses Mitos sobre o Sucesso (e dos Fatos sobre o Sucesso a eles associados), lembremos o que é um fato. Um *fato* é algo que pode ser verificado objetivamente; algo cuja existência é real e demonstrável. Quando nos referimos a fatos, é importante lembrarmos que NÃO estamos falando sobre opiniões.

A palavra *opinião* provém de uma palavra latina que significa "supor" e quer dizer "uma crença ou idéia mantida com segurança, mas não sustentada por prova ou conhecimento direto". Por exemplo, durante anos eu mantive a opinião de que "não deveria querer (ser bem-sucedido) *demais*". Eu mantinha essa opinião porque ela era claramente respaldada pela minha experiência. Lembra-se de quando liguei para o meu pai e perguntei-lhe se estaria tudo bem se eu fosse mais bem-sucedido que ele? A razão para eu achar que precisava fazer isso é que eu sinceramente não sabia se ele gostaria que eu fosse muito bem-sucedido. (Sim, eu sabia que poderia tornar-me razoavelmente bem-sucedido, talvez, mas qualquer coisa acima disso... bem, eu simplesmente não sabia se isso estaria bem ou não.)

Afortunadamente, meu pai me incentivou a ser tão bem-sucedido quanto eu queria. É exatamente assim que a maioria de nossas opiniões se forma — por meio da nossa experiência. Porém, como escreveu Napoleon Hill em *Think and Grow Rich*, o problema não é que não saibamos o suficiente, mas que nossa experiência muitas vezes é falha. Em outras palavras, a minha opinião de que não seria bom para mim tornar-me muito bem-sucedido não era de forma alguma um fato, mesmo que tivesse respaldo na minha experiência (naquilo que eu via e sentia). Portanto, a nossa opinião de que algo é verdade não é o bastante para torná-lo um fato.

Quando falamos sobre fatos, também não estamos nos referindo a *crenças*. Uma crença é semelhante a uma opinião no que se refere a basear-se na experiência. Por exemplo, antigamente a maioria das pessoas achava que a Terra era plana e que o Sol girava em torno dela. Essa crença se baseava na observação dos fenômenos naturais feita através dos instrumentos disponíveis na época — a saber, os olhos. Contudo, quando os seres humanos criaram instrumentos que podiam medir o universo com mais precisão do que os nossos sentidos (isto é, os telescópios e a matemática avançada), essas crenças mostraram-se falsas (incompatíveis com dados ou fatos demonstráveis).

Por conseguinte, quando falamos em fatos, estamos falando de coisas (fenômenos, dados, eventos observáveis) que podem ser objetivamente demonstrados como verdadeiros, precisos ou corretos. O problema em tudo isso está apenas numa palavra: objetivamente. Francamente, é impossível a quem quer que seja ser objetivo em relação a alguma coisa.

Por quê? Porque a palavra *objetivo* significa "não influenciado pela emoção, pela suposição ou pela opinião pessoal". Em outras palavras, *objetivo* significa "sem um ponto de vista". Isso é mais ou menos equivalente a dizer "não humano". Se quisermos ver uma coisa, precisamos ter uma perspectiva ou "ponto" a partir do qual possamos vê-la.

A questão é que não precisamos concordar com os fatos para que eles sejam verdadeiros, precisos ou corretos. Na verdade, o sofrimento humano (e também o fracasso) é em grande parte decorrente da ignorância, da má utilização, da má comunicação ou da má compreensão dos fatos.

Portanto, quando falamos de três simples fatos sobre o sucesso que quase todos ignoram, não acho que a apresentação desses fatos vai mudar de alguma forma a opinião das pessoas a respeito deles. Espero, inclusive, que muita gente discorde veementemente das afirmações apresentadas a seguir. Tudo bem; mas se há uma coisa inegável sobre os fatos é que eles simplesmente existem. Eles simplesmente SÃO. Podemos resistir a eles, ignorá-los, não ter conhecimento de sua existência ou tentar mudá-los — enfim, podemos fazer tudo o que quisermos que não iremos alterá-los: o Sol não vai passar a girar em torno da Terra.

Por conseguinte, nossas opiniões, experiências e crenças, quaisquer que sejam elas, não irão mudar estes três simples fatos sobre o sucesso que quase todos ignoram:

Fato nº 1: É mais difícil fracassar que vencer.

Fato nº 2: O sucesso é natural. A vida realmente quer — e, na verdade, precisa — que tenhamos sucesso.

Fato nº 3: O sucesso significa fazer as perguntas certas e recusar-se a fazer as erradas.

Se esses forem realmente fatos, eles devem ser passíveis de uma verificação objetiva. Sabendo que a verdadeira objetividade é impossível (pois a verdadeira objetividade significaria "não ter nenhum ponto de vista" — e, já que estamos examinando essas coisas, precisamos ter um ponto de vista para fazer isso, certo?), vamos examinar esses fatos com toda a objetividade que pudermos. (Nota: para facilitar discussão, colocarei os três Mitos sobre o Sucesso ao lado dos três Fatos sobre o Sucesso.)

Mito sobre o Sucesso nº 1: O sucesso é difícil.

Fato sobre o Sucesso nº 1: É mais difícil fracassar que vencer.

Aposto que, com mais esta, você se levantou da cadeira!

"O que você quer dizer com 'é mais difícil fracassar que vencer'? Há 'centos' anos que venho me matando de trabalhar e ainda não cheguei aonde quero na vida! Deixe eu lhe dizer uma coisa, amigo: o sucesso é difícil!"

Está vendo? Eu lhe disse que é difícil ser objetivo.

Muito bem. Se a afirmação "É mais difícil fracassar que vencer" é um fato, ela deve ser passível de comprovação. Vejamos se conseguimos fazer isso.

Em primeiro lugar, é importante notar que, quando falo em sucesso, não estou falando apenas da primeira coisa que vem à cabeça da maioria das pessoas quando ouve a palavra "sucesso" — a saber, "dinheiro". Não vou sentar-me aqui e lhe dizer que você não tem de dar duro para ganhar muito dinheiro. A maioria das pessoas tem de fazer bem um bom número de coisas por um bom tempo até chegar àquilo que chamaríamos de "ter muito dinheiro".

ALGUMAS REFLEXÕES FINAIS SOBRE O SUCESSO

Entretanto (e aqui está a chave), ter muito dinheiro nunca é o resultado direto de trabalhar duro. Na verdade, é preciso muito mais trabalho e esforço para manter o dinheiro (e o sucesso) longe de nós do que para obtê-lo.

Vou dar-lhe um exemplo. Meu pai é a pessoa mais trabalhadora que eu conheço. Perto dele, Michelângelo era um vagabundo. Meu pai é escritor, pintor, músico, artista gráfico, projetista, ator, diretor e produtor — e trabalhou com isso tudo enquanto ainda tinha três endiabrados filhos pequenos e uma mulher para sustentar.

Meu pai abriu uma agência de publicidade na qual trabalhava uma média de oitenta a cem horas por semana. Lembro-me de ir a seu escritório em Kennebunk, no Maine, quando eu era garoto. Lá trabalhavam quatro pessoas, inclusive a minha mãe, que estavam sempre ocupadas e pareciam projetar e criar coisas realmente bacanas. Eu não fazia a menor idéia do que aquilo significava, mas eles estavam todos ocupados; então eu achava que tudo estava indo bem.

O problema é que meu pai se associou a um cara meio inescrupuloso que foi embora tirando da sociedade mais do que deveria. Meu pai me contou, anos depois, que na época disse ao sócio: "Eu cuido da parte da criação e você, da parte comercial." Bem, o outro cara cuidou mesmo da parte comercial — tanto que, depois de passar anos trabalhando cem horas por semana e sacrificar a convivência com a família e os filhos pequenos, meu pai se viu sem um centavo, não pôde pagar a prestação e perdemos a casa em que morávamos.

Agora, se a história do meu pai pode não ser típica, por outro lado ela certamente não é incomum no mundo dos negócios. A questão é que todo o trabalho duro do meu pai não resultou em sucesso financeiro nem emocional, pois ele simplesmente não teve tempo ou interesse para entender como o dinheiro e os seres humanos realmente funcionam.

Anos depois, meu pai me disse que achava que, se ele fosse um "cara bom", as pessoas iriam querer pagar muito dinheiro pelos seus serviços. Você não deverá ficar surpreso ao saber que, apesar de o meu pai ser um artista supertalentoso, as pessoas não apareceram exatamente para pagar-lhe muito dinheiro pelo seu trabalho.

Depois de ler a primeira edição do livro que você está segurando agora, meu pai me disse também: "Noah, eu tive a impressão de estar lendo a minha autobiografia. Quem dera que você tivesse escrito isso há vinte anos." (Bem, eu adoraria, só que na época eu tinha apenas doze aninhos...)

A questão é que é muito mais difícil fracassar que vencer por uma razão muito simples: a vida é feita de tal forma que, na verdade, é impossível fracassar. Sempre vencemos em tudo o que escolhemos. Isso pode parecer-lhe estranho ou inacreditável. Mas eis aqui os fatos:

O universo é movido pelos nossos pensamentos, palavras e atos. O que pensamos, dizemos (achamos) e fazemos coloca em movimento uma cadeia de eventos que produz os resultados que conseguimos na vida. Portanto, se você pensa com seus botões: "Jamais terei sucesso", o universo diz: "OK." E você tem sucesso em não ter sucesso.

Se você diz a si mesmo: "Terei sucesso", o universo diz: "OK." E você faz as opções e as coisas que criam o sucesso na sua vida. O universo é simplesmente um espelho perfeito de nossos pensamentos, palavras e atos. É impossível fracassar porque sempre criamos exatamente aquilo que escolhemos.

A chave para compreender isso está em saber que: a) muitos de nós dizemos e fazemos coisas nas quais não acreditamos necessariamente e b) nem sempre escolhemos conscientemente aquilo que queremos. Em vez disso, muitos de nós escolhemos inconscientemente aquilo que NÃO queremos. Isso estabelece no universo uma dicotomia que ele ainda respalda. Se fizermos isso, estaremos literalmente indo em direções opostas — esforçando-nos por obter o sucesso, por um lado e, por outro, inconscientemente afastando-o. O universo não tem outra opção a não ser respaldar sempre os nossos pensamentos, palavras e atos. E então, nesse caso, chegaríamos perto do sucesso só para vê-lo escapar de nossas mãos.

Por menos que sejamos capazes de apreciar ou de admitir esse fato, o universo respalda tudo aquilo que insistimos em pensar, dizer e fazer. Por reconhecer essa verdade, algumas das melhores obras da literatura tradicional sobre o sucesso advogam o uso de "afirmações" para fazer nossos pensamentos, palavras e ações deixarem de ser contraproducentes. Dentro de alguns instantes, porém, eu vou-lhe mostrar algo que pode fazê-lo pirar: vou mostrar-lhe por que essas afirmações não funcionam da forma que deveriam.

Para tanto, vou compartilhar com vocês um processo que descobri quase que por acaso — uma maneira de conseguir tudo aquilo que você quer da vida por meio de um método que é tão absurdamente simples que você na verdade já o utiliza e nem sequer sabe disso.

Mas antes, vejamos o número dois de nossa lista de Mitos e Fatos sobre o Sucesso:

Mito sobre o Sucesso nº 2: A vida está contra nós e temos de lutar e sofrer para ir em frente.

Fato sobre o Sucesso nº 2: O sucesso é natural, pois a vida realmente quer e, na verdade, precisa que tenhamos sucesso.

Para provar isso, voltemos aos fatos (lembre-se de que não estamos tratando aqui de opiniões ou crenças, mas sim, exclusivamente, de fatos):

Os seres humanos são uma expressão da própria vida. Isso se evidencia pelo fato de que a vida existe e nada pode existir além da própria vida. Portanto, se estamos vivos, temos de ser expressões da própria vida.

A vida se expressa no universo por meio do uso e da aplicação da lei. Em outras palavras, não existe um efeito no universo sem que haja uma causa que o preceda. Essa lei geralmente é chamada de lei de causa e efeito ou, como a chamou Emerson, de lei das leis. A expressão mais comum dessa lei é: você colhe aquilo que semeia ("colhereis o que semeardes").

A finalidade da vida é expressar-se. A vida sempre é a favor da expansão e da plena auto-expressão. Portanto, já que nós, seres humanos, somos a manifestação ou expressão da própria vida, e a finalidade da vida é a expansão e a plena auto-expressão, a vida forçosamente quer e, na verdade, precisa que nós tenhamos sucesso. A vida não poderia estar contra si mesma, pois isso seria romper a sua própria lei.

Quando você e eu fazemos isso que chamamos "vencer", então na verdade estamos expressando mais Quem Realmente Somos, pois nós dois somos uma expressão da própria vida, cuja finalidade é expressar a si mesma. Portanto, quando você vence, o que na verdade está fazendo é *dar a outras pessoas a coragem de ser e de expressar Quem Elas Realmente São.*

Você não acha que a vida iria querer que você fizesse isso ao máximo?

Quer uma prova? Então responda: você já ouviu alguma história sobre alguém que começou do nada, enfrentou tremendas adversidades, perseverou e então venceu de uma maneira que nunca haveria sequer sonhado? Qual o efeito que essa história teve sobre você? Ela não o inspirou?

A palavra *inspirar* significa literalmente "introduzir ar nos pulmões". Por conseguinte, quando somos "inspirados" por algo ou por alguém, o que de fato acontece é que ganhamos a coragem de respirar, de ser e de expressar mais Quem Realmente Somos.

Para você, não faz sentido pensar que a vida queira e, na verdade, precise que isso aconteça mais? Se a finalidade da vida é expressar-se, você não acha que ela quer que você tenha sucesso (seja qual for a sua idéia de "sucesso") — para que ela própria possa expressar-se?

A finalidade de uma semente é crescer. A finalidade da natureza é possibilitar o crescimento de todas as sementes até se tornarem as plantas que devem tornar-se. E a finalidade da vida é ser e expressar o máximo de si mesma; mais do que jamais foi ou se expressou antes.

A propósito: todas as obras da literatura espiritual, religiosa ou sacra, assim como todas as obras científicas, artísticas ou filosóficas, são simplesmente uma expressão desse desejo da vida de ser e expressar-se. Ao que tudo indica, nós, seres humanos, conseguimos analisar e expressar mais a vida que qualquer outra criatura na face da Terra. (Eu costumo dizer que, quando se vem ao mundo sob a forma humana, ganha-se um corpo próprio para explorar o universo.)

O que nos leva ao maior Mito sobre o Sucesso e ao Fato mais desconsiderado, apesar de mais simples, sobre o Sucesso:

Mito sobre o Sucesso nº 3: O sucesso significa ter todas as respostas.

Fato sobre o Sucesso nº 3: O sucesso significa fazer as perguntas certas e recusar-se a fazer as erradas.

Suponha que eu lhe pedisse uma lista com tudo aquilo que é errado ou insuficiente em você. Se você for como a maioria das pessoas, poderia passar dias fazendo essa lista. Agora suponha que eu lhe pedisse uma lista com tudo aquilo que é bom, maravilhoso e fantástico em você. Você conseguiria dizer pelo menos dez coisas? A maioria acha difícil dizer duas.

Por que para nós é tão fácil apontar nossas deficiências e fraquezas e quase impossível identificar nossos pontos fortes, nossos trunfos e tudo aquilo que simplesmente é extraordinário em nós?

Para responder a isso, analisemos a maneira como fomos treinados na infância. A maioria das pessoas já ouviu — e de uma forma nada sutil — que a presunção é um erro. Cheios de boas intenções, nossos pais e os mais velhos nos deram mensagens mais ou menos assim: "Não seja vaidoso... Ninguém vai gostar de você se falar demais sobre si mesmo... Quem você pensa que é?... Não ponha o chapéu onde a mão não alcança... Ninguém gosta de gente que se gaba... Criança é para ser vista, e não ouvida... ."

É claro que, na maioria dos casos, os mais velhos realmente só queriam o melhor para nós e (acredite ou não), de fato, queriam que fôssemos felizes. Infelizmente, eles dificilmente sabiam o poder que as palavras tinham de moldar a nossa vida. É óbvio que as crianças querem agradar aos pais. Portanto, quando recebíamos de nossos pais mensagens como as que estão aí em cima, naturalmente procurávamos parar de falar bem a respeito de nós mesmos. O problema é que ficamos bons *demais* nisso.

É por isso que poucos adultos conseguem pensar ou falar bem a respeito de si mesmos. Fomos tão competentes em não pensar bem a nosso próprio respeito que agora temos dificuldade para encontrar alguma coisa boa em nós.

Essa também é a fonte do Reflexo Negativo: a tentativa da pessoa (do nosso Verdadeiro Eu) de compreender um mundo que não faz nenhum sentido. Por exemplo, a criança observa e percebe que há algum problema, uma tristeza ou qualquer outra coisa que precisa ser "consertada" na família. Quando descobre não apenas que não consegue resolver o problema, mas que sua família aparentemente age como se nem sequer houvesse um problema, ela raciocina da seguinte maneira: "Se eu fosse boa o bastante, eu conseguiria resolver esse problema e fazer todos felizes." Entretanto, como também percebe que o "problema" não se resolve e sim, geralmente, piora, a criança só pode chegar a uma conclusão: "Eu não posso ser boa o bastante." Por conseguinte, o Reflexo Negativo na verdade é uma reação lógica ao que a criança capta no ambiente em que vive — um modo de compreender um mundo que, para ela, é incoerente.

Felizmente para as vítimas, o Reflexo Negativo e a auto-imagem distorcida do anoréxico do sucesso não se baseiam de modo algum em fatos, mas em suas crenças — crenças que faziam sentido para a criança, mas que não têm lugar no mundo do adulto. É justamente assim que superamos e revertemos esse problema.

Por exemplo: o Reflexo Negativo bombardeia incessantemente suas vítimas com perguntas como: "Como você pôde ser tão egoísta?... Quem você pensa que é?... Por que não consegue tornar-se melhor?..." etc. Mas aqui está um fato simples e geralmente ignorado a respeito do sucesso que pode mudar a sua vida para sempre:

Quando você muda as perguntas que faz a si mesmo, tem de obter respostas diferentes.

Quando obtém respostas diferentes, você ganha uma vida diferente.

Uma nova descoberta: o poder das aformações

Certa noite, na primavera de 1997, eu ouvi uma fita na qual o locutor dizia que a mente humana funciona por intermédio de perguntas. Ele afirmava que raciocinar nada mais é do que perguntar e responder a perguntas.

Por exemplo, suponhamos que eu lhe pergunte: "Por que o céu é azul?" O que aconteceria? Seu cérebro lhe diria: "O céu é azul porque..." e então vasculharia o seu "banco de dados" em busca da resposta à pergunta. Mesmo que você não soubesse a resposta, seu cérebro ainda continuaria tentando encontrar a resposta. (Nesse exemplo, seu cérebro lhe devolveria a seguinte resposta: "Eu não sei" — ou, no jargão de informática, "Arquivo não encontrado".)

Observe, porém, que a única coisa que o seu cérebro não pode fazer é NÃO tentar encontrar a resposta à pergunta que lhe é feita. Ou seja, depois que se faz uma pergunta ao cérebro humano, a você ou ao universo, é impossível NÃO tentar encontrar a resposta. (Isso não quer dizer necessariamente que você encontrará ou saberá a resposta; quer dizer simplesmente que você não pode NÃO tentar encontrar uma resposta quando se faz uma pergunta.)

Enquanto eu ouvia o locutor dizer que a mente funciona por intermédio de perguntas, comecei a pensar sobre uma técnica que tenho certeza que você conhece: a do uso de afirmações. Digo que tenho certeza que você a conhece porque quase todos os livros tradicionais sobre o sucesso tratam das vantagens do uso das afirmações. Uma afirmação é uma declaração positiva destinada a gerar as coisas que queremos ter na vida por meio da repetição, seja em voz alta, em pensamento ou por escrito.

Comecei a pensar sobre o uso das afirmações quando pensei em como o cérebro realmente funciona. Sob o risco de pisar em alguns calos, eis o que percebi: o uso de afirmações na verdade não funciona bem.

Já sei que muitos perguntarão: "O que você quer dizer? A literatura tradicional sobre o sucesso não se baseia no uso de declarações positivas destinadas a produzir um determinado resultado na vida?" Sem dúvida.

Voltemos aos fatos para analisar esse argumento. O cérebro humano funciona mediante o simples processo de perguntar e de responder a perguntas. (Você percebeu o que a sua mente está fazendo agora mesmo? Ela não está se perguntando algo como: "Tem certeza de que isso está certo?" ou "Será que estou fazendo isso mesmo?" E que coisas são essas? Perguntas!) Francamente, é simplesmente impossível ao cérebro humano NÃO estar envolvido no processo de perguntar e de tentar responder a perguntas.

Depois que ouvi esse fato sobre a mente humana — que as perguntas literalmente constituem o sistema operacional do cérebro humano —, eu me fiz uma pergunta muito simples (está vendo?):

"Se o cérebro humano está sempre envolvido no processo de perguntar e de tentar responder a perguntas, e o cérebro literalmente NÃO pode deixar de tentar encontrar a resposta para uma pergunta que lhe é feita, por que continuamos usando declarações destinadas a fortalecer o nosso poder de melhorar a vida...

"... em vez de usarmos perguntas que fortaleçam esse poder?"

E sabe de uma coisa? Eu não consegui encontrar uma resposta satisfatória para essa pergunta.

Sem querer — e usando somente o processo de fazer perguntas que acabo de lhe descrever — eu (quase que por acaso) inventei algo completamente novo no estudo do sucesso: o uso de aformações.

Que é uma aformação? E em que difere de uma afirmação?

Boa pergunta.

Uma aformação é uma pergunta que fortalece o nosso poder de melhorar nossa vida e para a qual o cérebro humano tem de encontrar uma resposta. Depois de descobrir e batizar as aformações, percebi por que as afirmações não funcionam como deveriam. O cérebro está sempre perguntando e respondendo a perguntas, certo? (Outra pergunta.) Isso significa que você e eu podemos fazer todas as declarações positivas (afirmações) que quisermos, mas se não mudarmos as perguntas que fazemos a nós mesmos, nossas declarações não terão efeito nenhum.

Por exemplo, você poderia sair por aí dizendo: "Sou feliz, saudável e rico." No entanto, por dentro você poderia estar se perguntando: "E onde está isso? Como é que estou tão infeliz? Por que ainda estou sem dinheiro? Por que não consigo fazer nada certo?" Em outras palavras, sua declaração positiva não mudará em nada a sua vida se você continuar a fazer a si mesmo péssimas perguntas.

Isso por acaso não corresponde à sua experiência? Você nunca tentou usar afirmações — declarações positivas escritas ou faladas destinadas a promover uma reação do universo — e não acabou frustrado e até chateado porque elas não se tornaram realidade?

A culpa não é sua. A culpa é da técnica que você usou. E mesmo isso não é culpa sua, pois ninguém jamais sequer se dispôs a dizer-lhe que usar declarações não é nem de longe tão eficaz quanto fazer perguntas que verdadeiramente fortaleçam o nosso poder de melhorar a vida.

O importante é que as perguntas que fazemos *à* mente são muito mais eficazes que as declarações que enfiamos *na* mente. Portanto, pensei: por que não abandonamos as declarações e nos voltamos diretamente para a pergunta — já que é isso que seu cérebro já está fazendo, de qualquer modo?

Depois de criar essa técnica, cunhei a palavra aformação para descrevê-la. Agora, essa palavra não é simplesmente uma sopa de letrinhas. Eu a criei a partir da raiz latina *formare*, que significa "criar ou dar forma". (A propósito, a palavra afirmação deriva do latim *firmare*, que significa "tornar firme". Mas, e se estivermos "tornando firme" algo que tem a "forma" errada?)

Se você estiver achando que isso é a coisa mais louca que já viu, permita-me lembrar-lhe que, quando descobrimos uma nova maneira de ver as coisas, precisamos criar uma nova maneira de falar a respeito delas. Há pouco tempo, as palavras "Internet", "*software*" e "disco rígido" nem sequer existiam. Essas novas palavras — e dezenas de outras — foram cunhadas para descrever novas formas de fazer coisas úteis. Por que o estudo do sucesso — sem dúvida, uma prática útil — deveria ser diferente?

Se você ainda estiver duvidando da veracidade dessa técnica, permita-me mostrar-lhe um fato final: você, de qualquer maneira, está usando aformações todo o tempo. Na verdade, é impossível que você NÃO as use.

Pense um pouco. O que são as perguntas: "Por que você é tão burro?", "Como pôde ser tão egoísta?", Por que ninguém me quer por perto?", "Para que eu fui nascer?" ou "Por que você não morre de uma vez?" Não são simplesmente aformações negativas? Elas são, de fato, o meio que o Reflexo Negativo encontra de "dar forma" a si mesmo dentro da sua mente. Portanto, por favor, entenda que você, eu e todo mundo já estamos usando aformações o tempo todo, de qualquer maneira (a maioria das quais, negativa). Porém, estamos completamente alheios a esse fato quase que durante 100% do tempo. Além disso, a maioria não percebe que as perguntas que mais fazemos a nós mesmos na verdade estão produzindo aquilo que chamamos de "nossa vida".

É por isso que as aformações são muito mais poderosas e muito mais eficazes que as afirmações. Eu creio sinceramente que a única ocasião em que uma afirmação (uma declaração) funciona é quando ela cria uma aformação (uma pergunta) correspondente dentro da cabeça do praticante. Em outras palavras, a única ocasião em que a declaração: "Sou feliz, saudável e rico" pode produzir alguma mudança na sua vida é quando você começa a perguntar a si mesmo: "Por que sou feliz? Por que sou saudável? Por que sou rico?"

Para que jogar fora tanto tempo, empenho e energia usando declarações (que, de qualquer modo, geralmente não funcionam), quando seu cérebro tem de convertê-las em perguntas para fazer alguma diferença na sua vida? Por que não fazer perguntas melhores e deixar que o seu cérebro faça o que já está fazendo normalmente (e NÃO pode deixar de fazer)?

Talvez seja uma boa idéia você reler esta seção. Se o processo de fazer perguntas que verdadeiramente fortaleçam o nosso poder de melhorar a nossa vida lhe parece "fácil demais" ou "simples demais", você está na pista certa. As aformações são mesmo de uma facilidade e simplicidade incríveis, justamente porque o seu cérebro já as está usando. Só que a maioria das pessoas inconscientemente usa aformações negativas, em vez de usar conscientemente as positivas.

Quando você usa aformações de modo consciente e positivo (isto é, aformações que reflitam aquilo que você quer da vida, em vez do que não quer), você não tem de esperar muito para ter resultados (como é o caso das afirmações) porque as aformações já estão criando a sua vida de qualquer modo!

Repito mais uma vez: a única ocasião em que uma afirmação "pega" é quando você muda a pergunta subjacente (aformação) que lhe cor-

ALGUMAS REFLEXÕES FINAIS SOBRE O SUCESSO

responde. Sugiro-lhe que deixe de lado a declaração e passe diretamente à pergunta. Eis aqui mais algumas aformações para você ir começando:

- Por que sou tão bonito?
- Por que sou tão inteligente?
- Por que sempre digo e faço a coisa certa?
- Como é que pude ficar tão atraente?
- Por que sou tão atraente?
- Por que tanta gente bonita e legal gosta tanto de mim?
- Por que tenho tanta segurança?
- Por que as pessoas cuidam tanto de mim?
- Por que tantas pessoas me estimam e me valorizam e o que eu faço por elas?
- Por que sou tão maravilhoso?
- Por que sempre consigo o que preciso justamente na hora mais certa?

Não tenho a menor dúvida de que tudo isso vai lhe parecer bem tolo nas primeiras vezes. Mas também você não participou de uma corrida de Fórmula Indy na primeira vez em que entrou num carro.

Você talvez tenha percebido que muitos dos exemplos de aformações que lhe dei começam com as palavras "por que". Por que será? Lembra-se do Capítulo 4, quando chegamos à conclusão de que 90% da motivação humana provém de razões (de "por quês") e só 10% provém de meios ("como")? Esse princípio deve ser aplicado quando utilizarmos aformações positivas.

Já que o seu cérebro tem de encontrar resposta para qualquer pergunta que você insiste em fazer, quando você se perguntar "por quê", não só encontrará as respostas, mas também estará tocando em 90% daquilo que o motiva a agir. Isso traz à baila uma boa questão: o importante em fazer-se aformações NÃO é encontrar as respostas para as suas perguntas! Quando você se faz uma aformação, não precisa ficar sentado tentando encontrar a resposta.

Em vez disso, é provável que você simplesmente comece a perceber que se sente diferente quando a faz. Lembre-se: o seu cérebro é como um computador. Quando você pede ao computador que faça algo (acionando um comando), ele não pode lhe dizer: "Desculpe, não estou com vontade de fazer isso agora." Ele não tem outra opção a não ser tentar atender ao seu pedido.

Depois que você faz a si mesmo a pergunta, a coisa se torna irrevogável. Irreversível. Passada. É por isso que não é preciso se preocupar em encontrar todas — ou mesmo alguma — das respostas às suas perguntas. O seu cérebro se ocupará disso. O que vai acontecer depois que você começar a substituir as aformações negativas pelas positivas é o seguinte:

Você começará a se sentir melhor. Por quê? Porque perguntou a si mesmo: "Por que me sinto melhor?"

Você ganhará autoconfiança. Por quê? Porque se perguntou: "Por que sou tão seguro de mim mesmo?"

Você começará a perceber que todas aquelas imagens e mensagens contraproducentes em que você acreditou durante tanto tempo estão erradas. Por quê? Porque você perguntou a si mesmo: "Por que sou tão maravilhoso, tão fantástico, tão genial?"

Você começará a ficar maravilhado consigo mesmo. Por quê? Porque perguntou: "Por que sou o bastante?"

Não se preocupe em fazer aformações perfeitas. Tudo que precisa fazer pelo resto da sua vida é perguntar-se: "Qual seria uma grande pergunta a fazer a mim mesmo agora?" — e deixar que seu cérebro trabalhe sozinho. (Isso é algo que ele não pode deixar de fazer, de qualquer modo.)

A invenção e o uso de aformações representa um avanço significativo no estudo do sucesso. Na verdade, é comum as pessoas me dizerem que o uso de aformações foi o fator que mais mudou suas vidas — mais que qualquer outro fator abordado neste livro. Lembre-se, porém, que você já está usando aformações de qualquer maneira, embora possa estar fazendo-o inconscientemente. Agora que você já sabe o que você e o seu cérebro estão fazendo, é impossível NÃO lembrar mais disso. (Como disse Emerson: "A mente que se amplia não pode voltar às dimensões que tinha antes.") Por que não usar as aformações conscientemente, para criar a vida que você sempre quis?

A propósito (e esta é a pergunta que me deu tanto trabalho; eu a escrevi e reescrevi tantas vezes que nem consigo mais lembrar o que diz agora):

"Por que estou vivo?"

A pergunta mais importante deste livro está na página seguinte.

18

O que é o sucesso?

Talvez este pareça um lugar estranho para fazer essa pergunta. Afinal, passamos um livro inteiro analisando por que as pessoas conseguem ou não o sucesso, por que o tememos e desejamos e por que a vida realmente quer e, na verdade, precisa que tenhamos sucesso e gozemos do nosso sucesso.

Você já percebeu que, com tantos livros e fitas publicados a respeito do sucesso, poucos deles dizem o que o sucesso realmente é?

Sinceramente, depois de estudar literalmente centenas de livros, artigos e outros materiais sobre o sucesso, não me lembro de ter encontrado nenhuma definição do que realmente seja o sucesso. Sim, eles disseram o que significa vencer e que o sucesso é mais que dinheiro, riqueza e bens materiais, e tudo o mais — só que não me lembro de nenhum que tenha dado uma definição precisa do que o sucesso de fato é, por que a vida quer que nós o consigamos.

Então, o que é o sucesso? Essa é a pergunta que mais me fazem. Eis aqui a resposta:

A palavra *sucesso* vem de uma palavra latina que significa "ir atrás" (*sub-*, atrás + *cedere*, ir). (Não é fascinante que aquilo que a maioria das pessoas persegue na vida seja o sucesso, e que a própria palavra derive de uma que significa "ir atrás"?) Sucesso significa simplesmente "a obtenção de algo desejado, planejado ou tentado".

Isso traz à tona outro aspecto fascinante da palavra *sucesso* — ou, melhor dizendo, da palavra *suceder*. *Suceder* significa "vir depois, decorrer ou acontecer sucessivamente; ocupar o lugar de outrem por vaga ou sucessão". Um exemplo seria "suceder a alguém no trono".

Vamos parar por um instante para analisar essa definição em termos do que o sucesso realmente é. Pense em todas as histórias de sucesso que você já ouviu na vida. Você percebeu que todas as histórias de sucesso da História são na verdade *histórias de substituição*?

Com isso quero dizer que o sucesso literalmente é o processo de substituir algo (por exemplo, uma atividade ou produto) por outra coisa melhor, algo que produza um resultado benéfico para um grupo de seres humanos ou para a humanidade como um todo. Por exemplo:

Galileu substituiu o olho humano pelo telescópio.

Albert Einstein substituiu as leis de Newton pela compreensão do átomo.

Henry Ford substituiu o sistema de produção artesanal pelo processo de produção em série.

Thomas Edison substituiu a lamparina a óleo pela lâmpada incandescente.

Todas as histórias de sucesso de que você consegue se lembrar são, na verdade, histórias de alguém que substituiu uma coisa por outra, uma coisa que servia melhor aos seres humanos. Quanto maior o número de pessoas que gostaram mais da novidade que da coisa antiga que ela substitui, mais bem-sucedida é a história de sucesso. Isso lança uma luz mais nova sobre o tema do "sucesso" do que aquela a que estamos acostumados, não é?

Para usar uma analogia: se você quer ir a um determinado lugar em seu carro, não é preciso apenas que você entre nele, ligue-o, pise no acelerador e deixe-o ir em frente. Você o guia para onde deseja ir. Essa é a sua função. A do carro é levá-lo aonde você quer ir mais rápido do que você poderia, se usasse o seu próprio poder de locomoção (é por isso que gostamos tanto de nossos carros).

Do mesmo modo, quando queremos rumar para o sucesso, será bem mais fácil consegui-lo se soubermos para onde vamos antes de entrar no veículo. Para facilitar as coisas, proponho-lhe uma definição de sucesso que você pode usar tanto para o veículo quanto para o destino.

Quando levamos em conta tudo o que foi apresentado neste livro, vemos que o sucesso é simplesmente *o processo* de fazer perguntas melhores. Surpreendentemente, o sucesso também é o *resultado* de fazer perguntas melhores.

Atualmente, existem mais oportunidades de sucesso que em qualquer outro momento da história. Entretanto, se estivermos fazendo a nós mesmos e aos outros péssimas perguntas, essas oportunidades deixam de existir. Por favor, observe que eu não disse que o sucesso significa a necessidade de encontrar todas as respostas certas. Não é função sua nem minha saber todas as respostas certas, ou mesmo alguma delas.

Se você quer mesmo ter sucesso, faça isto:

Faça perguntas melhores.
Faça as perguntas cujas respostas as pessoas realmente precisam conhecer.
Faça perguntas que ninguém até hoje teve a coragem de fazer.
Faça perguntas que o façam questionar a realidade de vez em quando.
Faça perguntas melhores...
Continue fazendo...
... e deixe a vida cuidar do resto.

★ ★ ★

O que é o sucesso?
Sucesso, meu querido leitor, é fazer perguntas melhores...
e deixar que a vida lhe dê todas as respostas com que você sonha.

★ ★ ★

19

Onde encontrar a ajuda necessária

A gora que você entende o problema da anorexia do sucesso, onde pode encontrar mais ajuda para superar esse mal?

Profissionais da medicina e da saúde

Alguns profissionais da medicina e da saúde possuem treinamento específico para trabalhar com distúrbios alimentares, como a anorexia e a bulimia. Obviamente, as necessidades da pessoa que sofre de um distúrbio do sucesso serão um tanto diferentes, embora o processo para superá-las possa ser semelhante.

A maioria dos médicos são pessoas muito interessadas, que realmente querem ajudar a seus semelhantes. É importante conhecer tanto os pontos fortes quanto as limitações das práticas convencionais de saúde e das pessoas que as ministram para tomar as providências que sejam adequadas a seu caso.

Literatura tradicional sobre o sucesso

Sim, foi esse o tipo de livro que você leu e do qual ouviu falar a vida inteira e, sim, foi esse o tipo de literatura que (sem querer) contribuiu para o problema da anorexia do sucesso. Por que, então, eu a estou recomendando?

Eu a recomendo porque, agora que já sabe por que vem se privando do sucesso, você finalmente pode ver que não vai adiantar saber todos os "por quês" do mundo se você não se decidir pelo sucesso.

Depois de ler e aplicar a informação contida neste livro, aposto que você conseguirá usar boa parte da literatura de auto-ajuda que antes não o ajudou, pois agora você pode usar as ferramentas indicadas aqui para se decidir pelo sucesso. Permita-me lembrar-lhe que boa parte da informação acerca de como vencer que existe por aí tende a ser bem rígida, voltada para as metas e para os meios de obter-se o que se deseja — porque é exatamente para isso que ela se destina.

Uma lista de fontes tradicionais de auto-ajuda é fornecida na seção Leitura Adicional.

Programas e Orientação para o Sucesso da The Success Clinic

A The Success Clinic é o primeiro e único centro desse tipo que eu conheço. Pelo que eu sei, nós oferecemos os únicos programas no mundo cujo objetivo é trabalhar exclusivamente com as pessoas que desejam parar de privar-se do sucesso.

A Orientação para o Sucesso, sistema que criei para ajudar as pessoas a superarem a anorexia do sucesso, mostra-lhes como parar de se privar do sucesso que merecem e gozar de todo o sucesso pessoal e profissional que a Vida lhe reserva.

Atualmente, estou desenvolvendo um programa de estudos que levará a Orientação para o Sucesso a todo o mundo, usando a tecnologia de comunicação global.

Para maiores informações sobre a Orientação para o Sucesso e outros serviços e produtos da The Success Clinic, consulte a última página deste livro.

Epílogo: A última palavra em termos de sucesso

"Atingiu o sucesso aquele que
viveu bem, riu com freqüência e amou muito;
aquele que ganhou o respeito
de pessoas inteligentes e o amor das criancinhas;
aquele que encontrou seu lugar e cumpriu sua tarefa;
aquele que tornou o mundo
um lugar melhor que aquele que encontrou –
seja plantando uma papoula,
criando um poema perfeito
ou salvando uma alma;
aquele que nunca deixou de
apreciar a Beleza da Terra ou de expressá-la;
aquele que procurou o que há de melhor nas pessoas
e deu o que tinha de melhor;
aquele cuja vida foi uma inspiração;
aquele cuja memória é abençoada."

— Sra. A. J. Stanley

"Rir muito e com freqüência;
ganhar o respeito de pessoas inteligentes e
o afeto das crianças;
Merecer a apreciação de críticos honestos e
resistir à traição de falsos amigos;
Apreciar a beleza;
Encontrar o melhor nas pessoas;
Tornar o mundo um pouco melhor –
seja por intermédio de um filho saudável,
de um canteiro no jardim
ou da correção de um problema social;
Saber que ao menos um ser respirou melhor
porque você viveu.
Isso é ter sucesso."

— RALPH WALDO EMERSON
(PARAFRASEANDO O POEMA ANTERIOR,
DA SRA. A. J. STANLEY, CONTEMPORÂNEA SUA)

Leitura adicional

As fontes listadas a seguir ajudaram-me a fazer perguntas melhores na vida. Convido o leitor a descobrir a sabedoria que há nelas. (A lista não pretende, de modo algum, ser exaustiva.)

Livros

BRANDEN, Nathaniel. *The Six Pillars of Self-Esteem*. Nova York: Bantam, 1995.

CANFIELD, Jack e HANSEN, Mark Victor. *The Aladdin Factor*. Nova York: Berkley, 1995.

CARNEGIE, DALE. *How to Stop Worrying and Start Living*. Nova York: Simon & Schuster, 1944.

_____. *How to Win Friends and Influence People*. Nova York: Simon & Schuster, 1936.

CHOPRA, Deepak. *Perfect Health*. Nova York: Harmony Books, 1991.

CLAUDE-PIERRE, Peggy. *The Secret Language of Eating Disorders*. Nova York: Random House, 1997.

COVEY, Stephen. *The 7 Habits of Highly Effective People*. Nova York: Simon & Schuster, 1989.

DE BECKER, Gavin. *The Gift of Fear*. Nova York: Little, Brown and Co., 1997.

DONIGER O'FLAHERTY, Wendy. *Hindu Myths: A Sourcebook*. Nova York: Viking Press, 1975.

FRANKL, Viktor. *Man's Search For Meaning*. 3ª edição. Nova York: Simon & Schuster, 1985.

_____. *The Will to Meaning*. Nova York: Simon & Schuster, 1989.

HILL, Napoleon. *Think and Grow Rich*. Nova York: Random House, 1937.

HOLMES, Ernest. *The Science of Mind*. Nova York: G. P. Putnam's Sons, 1938.

_____. *Living The Science of Mind*. Marina del Rey, Calif.: DeVorss & Co., 1984.

OLIVELLE, Patrick. *The Upanishads: A New Translation*. Nova York: Oxford University Press, 1996.

PILZER, Paul Zane. *God Wants You to Be Rich*. Nova York: Simon & Schuster, 1937.

PONDER, Catherine. *The Dynamic Laws of Prosperity*. Marina del Rey, Calif.: DeVorss & Co., 1985.

_____. *Open Your Mind to Receive*. Marina del Rey, Calif.: DeVorss & Co., 1983.

RILEY, Pat. *The Winner Within*. Nova York: G. P. Putnam's Sons, 1993.

SARK. *Succulent Wild Woman*. Nova York: Fireside Books, 1997.

VON OECH, Roger. *A Whack on the Side of the Head*. Edição revista. Nova York: Warner Books, 1998.

WALSCH, Neale Donald. *Conversations with God*. (Livros Um, Dois e Três). Hampton Roads, Va.: Hampton Roads, 1995-1998.

Fitas cassete

ABRAHAM, Jay. *Your Secret Wealth*. Niles, Ill.: Nightingale-Conant, 1994.

COVEY, Stephen. *The 7 Habits of Highly Effective People*. Salt Lake City: Covey Leadership Center, 1997.

DAWSON, Roger. *The Confident Decision Maker*. Nova York: Simon & Schuster, 1993.

HILL, Napoleon. *Think and Grow Rich*. Northbrook, Ill.: Napoleon Hill Foundation, 1987.

ROBBINS, Anthony. *Unlimited Power*. Nova York: Simon & Schuster, 1986.

Quem é Noah St. John?

Noah St. John dirige a The Success Clinic em Hadley, Massachusetts. Ele trabalha com pessoas que querem parar de evitar o próprio sucesso e com empresas e organizações que desejam equipes mais felizes e produtivas.

Além de trabalhar individualmente com as pessoas, Noah promove *workshops* e apresentações destinados a promover o máximo crescimento, através da utilização de estratégias comprovadas para a obtenção do sucesso. Ele trabalha ainda com líderes e executivos com poder de decisão interessados em maximizar o retorno de seu investimento em tempo, dinheiro e talento.

Noah frisa a importância de usar os princípios corretos para construir uma base sólida para o crescimento contínuo e o sucesso a longo prazo, em vez de abordagens precipitadas cujos resultados geralmente não duram muito tempo.

O autor de *Decida-se pelo sucesso* publica uma circular eletrônica dirigida a empresários e profissionais de vendas de mais de 24 países. Atualmente ele elabora o segundo e o terceiro livro desta série voltada para como e por que decidir-se pelo sucesso.

Noah já teve resenhas biográficas divulgadas em diferentes meios, como televisão, rádio, imprensa escrita e eletrônica: Net Profits Radio, Success Weekly, Getting Personal with Linda Stein, People Are Talking, TalkBiz News, The Breakfast Club, RealVoices.com, The Book Authority e noticiários das redes ABC e NBC.

Para informações e reservas, escreva para:

The Success Clinic
P.O. Box 2773
Amherst, MA 01002

Ou visite o *site*:
www.SuccessClinic.com